《全民健身计划（2016—2020年）》一百问

国家体育总局群众体育司 编

人民体育出版社

图书在版编目(CIP)数据

《全民健身计划（2016—2020年）》一百问 / 国家体育总局群众体育司编．-北京：人民体育出版社，2016(2017.2.重印)

ISBN 978-7-5009-5063-9

Ⅰ.①全… Ⅱ.①国… Ⅲ.①全民健身计划-中国-2016—2020-问题解答 Ⅳ.①G812.5-44

中国版本图书馆CIP数据核字（2016）第261587号

*

人民体育出版社出版发行
三河兴达印务有限公司印刷
新　华　书　店　经　销

*

787×1092　16开本　9.5印张　210千字
2016年12月第1版　2017年2月第2次印刷
印数：5,001—10,000册

*

ISBN 978-7-5009-5063-9
定价：60.00元

社址：北京市东城区体育馆路8号（天坛公园东门）
电话：67151482（发行部）　　邮编：100061
传真：67151483　　邮购：67118491
网址：www.sportspublish.com
（购买本社图书，如遇有缺损页可与邮购部联系）

编委会

前　言

全民健身是全体人民增强体魄、健康生活的基础和保障，在提高人民身体素质和健康水平，丰富人民精神文化生活，推动经济社会发展，激励全国各族人民弘扬追求卓越、突破自我的精神等方面都发挥着不可替代的重要作用。习近平总书记在全国卫生与健康大会中指出，没有全民健康，就没有全面小康，要倡导健康文明的生活方式，树立大健康的观念，把以治病为中心转变为以人民健康为中心，建立健全健康教育体系，提升全民健康素养，推动全民健身和全民健康深度融合。

从1995年国务院印发《全民健身计划纲要》（全书以下除标题外均简称《纲要》），到2009年颁布《全民健身条例》（全书以下除标题外均简称《条例》），再到2011年印发《全民健身计划（2011—2015年）》（全书以下简称“十二五”《计划》），乃至2014年国务院将全民健身上升为国家战略，全民健身在国家各项事业发展中的位置不断提升，全民健身运动不断向纵深发展。据统计，截至2014年底，全国经常参加体育锻炼的人数达到3.64亿，人数比例达到33.9%，比2007年提高了5.7个百分点，城乡居民达到《国民体质测定标准》合格以上的人数比例为89.6%，比2010年提高了0.5%。全国大部分省（区、市）实现了省、市、县三级政府“三纳入”（将全民健身事业纳入各级国民经济和社会发展规划、将全民健身事业经费纳入各级财政预算、将全民健身工作纳入各级政府年度工作报告）全覆盖，覆盖城乡、比较健全的全民健身公共服务体系初步形成。但是全民健身在不同地区和参与的人群中发展不平衡，各级政府公共财政的投入力度仍然较低，全民健身公共服务体系尚需完善，体育场地设施的建设和使用与群众的需求还存在较大差距，体育社会组织也尚未承担起应有的作用，距离广大人民群众日益增长的健身需求还有一定差距。

《条例》规定："国务院制定全民健身计划，明确全民健身工作的目标、任务、措施、保障等内容。"按此规定，国家体育总局从2014年9月启动了代国务院起草《全民健身计划（2016—2020年）》（全书以下除标题外均简称《计划》）的工作。参照国家"十三五"规划的编制思路，先期开展了与《计划》密切相关的10个重要问题的专项研究。起草过程中，坚持开门写《计划》和联动写《计划》。经统计，《计划》整个起草过程从研制到发布共历时21个月，期间召开各类会议35次，征求了31个中央部委、56个总局司局和中心、31个省（区、市）体育局以及全国群体系统、新闻媒体、全国人大和全国政协委员、专家和普通网民的意见总计343条。同时，在全国确定了北京市东城区等8个城市（县、区）作为《计划》研制工作联系城市（县、区），通过上下联动的做法，使《计划》的编制更加体现问题和需求导向。

2016年6月15日，国务院发布《关于印发全民健身计划（2016—2020年）的通知》（国发〔2016〕37号），正式印发《计划》。6月23日上午，中国政府网正式公布《计划》，同时刘鹏局长在国务院新闻办召开新闻发布会，对《计划》进行权威解读，第一时间发出了体育总局贯彻落实《计划》的声音。《计划》在全社会引起强烈反响，社会各界普遍认为《计划》体现了"四个全面"战略布局，体现了创新、协调、绿色、开放、共享的发展理念，体现了坚持以人民为中心的发展思想，体现了实事求是和一切从实际出发。国家体育总局还制作了H5多媒体互动页面，通过新媒体做好宣传普及，全国各地掀起了宣传和贯彻实施《计划》的浪潮。

为方便全国群众体育系统和社会大众深化对《计划》的学习和理解，6月下旬，群体司举办了全国省级群体干部培训班，对各省（区、市）体育局分管群众体育的副局长和群体处长进行了专题培训。7月印发了《关于认真贯彻落实〈全民健身计划（2016—2020年）〉的通知》，对全国各省（区、市）、计划单列市、新疆生产建设兵团体育局、各行业体协、总局各部门和单位贯彻执行《计划》提出了要求。此外，在7月下旬和9月初分别印发了《关于研制〈全民健身实施计划（2016—2020年）〉有关事宜的通知》和《体育总局关于加快研制〈全民健身实施计划（2016—2020年）〉的通知》，按照总局的统一部署，省、市、县三级《实施计划》都要在明年春节前后全部出台。

为更好地适应全民健身上升为国家战略、打造国家名片的新形势、新需求，方便各地区、各行业、各部门，尤其是基层体育工作者全面学习、科学认识《计划》，指导县以上人民政府如期出台《全民健身实施计划（2016—2020年）》，体育总局组织人员通过多种途径，广泛搜集整理出关于《计划》的各种问题，并请权威专家、《计划》起草组成员和有关司局精心作答，共同编写了这本《〈全民健身计划（2016—2020年）〉一百问》。相信这本书会帮助全国体育工作者以及广大社会公众更好地理解和认识《计划》。随着《计划》的深入实施，全民健身作为全面建成小康社会的国家名片必将更加闪亮！

编委会

2016年10月

目　录

DI YI PIAN ZONG LUN

第一篇 总 论

1. 什么是全民健身?

“全民健身”的正式提出要追溯到1995年国务院颁布的《纲要》。截至目前，无论是中央文件还是权威学术角度，都尚未给出明确定义。与全民健身相关的概念有很多，比如：群众体育、社会体育、大众体育、身体活动、锻炼等。

1954年《中华人民共和国宪法》中规定“国家发展体育事业，开展群众体育，增强人民体质”，首次将“群众体育”纳入法律保障范畴，自此，“群众体育”概念被广泛使用。

1995年《中华人民共和国体育法》对“社会体育”作了专门的规定，明确提出“国家提倡国民参加社会体育活动，增进身心健康。社会体育应当坚持业余、自愿、小型多样，遵循因地制宜和科学文明的原则”。目前，“社会体育”仍在使用，但与“群众体育”相比使用频次较低。

“大众体育”是对国际上“Sport for all”的一种意译。

“身体活动”根据世界卫生组织的定义，系指由骨骼肌肉产生的需要消耗能量的任何身体动作，其中包括工作期间的活动、游戏、家务、出行和休闲娱乐活动等。

“锻炼”根据世界卫生组织的定义，是指身体活动的一部分，涉及有计划、有条理和反复的动作，目的在于增进或维持身体素质的一个或多个方面。

综上，全民健身与群众体育、社会体育、大众体育、身体活动、锻炼等同属一个范畴，但全民健身涉及面更广，内涵更丰富，更符合我国当前及未来一段时期的发展需要。故将其定义如下：

全民健身是一项面向全体人民，通过鼓励身体活动、倡导科学健身、形成健康文明生活方式，以增强人的体质、服务于人的全面健康、促进人的全面发展为目标，以丰富人民群众精神文化生活、推动经济社会和谐发展、提升国家民族综合实力为追求的社会事业。全民健身工作是一个实现以上目标和追求的重要民生工作。

2. 什么是全民健康?

全民健康是指全体人民的健康。全体人民包括各民族人民和男女老幼各类人群。健康是指人的全面健康，它具体是指人的身体、心理、道德和社会适应四个方面的综合健康状态，它是在世界卫生组织（WHO）1947年明确的“健康不仅是没有疾病或不虚弱，且是身体的、精神的健康和社会适应良好的完美状态”的概念基础上，结合我国当前发展实际和未来发展需要而提出的，它不仅覆盖人从婴幼儿到老年整个生命周期，还服务于人的健康、亚健康、疾病、康复、强壮、健美等整个健康过程。全民健康是广大人民群众追求全面发展的必然要求，是经济社会发展的基础条件，是民族昌盛和国家富强的重要标志。

全民健康工作的首要目的是为广大人民群众幸福生活创造条件，同时也是培养高素质国民和增强国家人力资本，为建设健康中国和实现中华民族伟大复兴中国梦奠定基础的工作。

3. 如何理解全民健身与人的全面发展的关系?

人的全面发展包括人的身体素质、心理素质、道德素养以及社会适应、交往等诸多能力的发展。

十八大修改的新《党章》在总纲中明确提出“促进人的全面发展”。《中共中央关于制定国民经济和社会发展第十三个五年规划的建议》中指出：“必须坚持以人民为中心的发展思想，把增进人民福祉、促进人的全面发展作为发展的出发点和落脚点。”这一切表明，促进人的全面发展已成为我国当前及今后一个时期的重要指导思想。

关于全民健身与人的全面发展的关系，早在2013年8月31日，习近平总书记在会见全国群众体育先进单位和先进个人、全国体育系统先进集体和先进工作者代表时就曾明确指出："体育在提高人民身体素质和健康水平、促进人的全面发展，丰富人民精神文化生活、推动经济社会发展，激励全国各族人民弘扬追求卓越、突破自我的精神方面，都有着不可替代的重要作用。"

因此，全民健身与人的全面发展的关系是：增强人的体质、服务于人的全面健康、促进人的全面发展是全民健身的目标，全民健身是促进人的全面发展的重要途径，并对促进人的全面发展有着不可替代的作用。

4. 如何理解全民健身、全民健康与健康中国的关系？

全民健身和医疗卫生都是以服务于全体人民的全面健康为目的；都是从全方位、全周期来开展保障人民健康的工作；都是要在做好民生工作的基础上为产业发展做贡献。二者与文化、教育、养老、精神文明、环境等事业均是实现全民健康的途径。其中全民健身和医疗卫生是实现全民健康的两个重要支撑，而实现全民健康则是成就健康中国的最主要途径。只有厘清上述关系，全民健身与全民健康深度融合才有了基础。

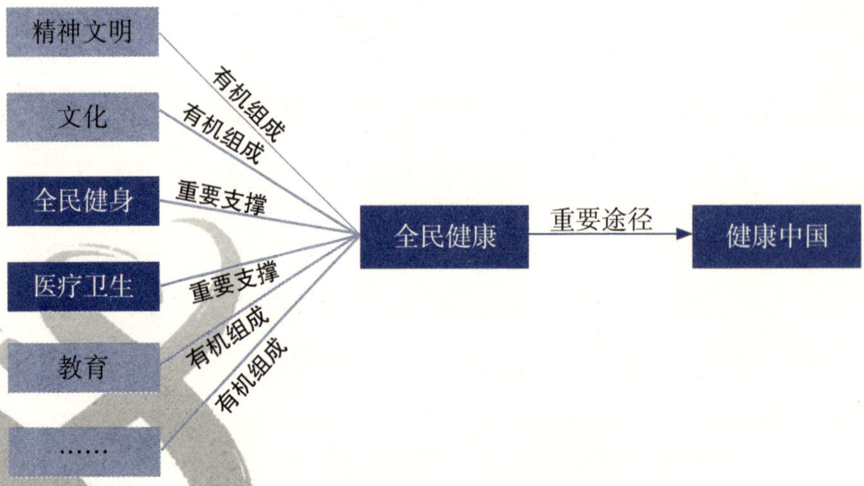

全民健身、全民健康与健康中国的关系示意图

在健康中国战略中，虽然全民健身与医疗卫生是实现全民健康的两个有机组成部分，但二者各有侧重。全民健身侧重前端，涵盖身体锻炼、养生、保健等工作；医疗卫生侧重后端，涵盖疾病预防、治疗、康复等工作。二者如鸟之两翼，不可偏废。2016年8月，在全国卫生与健康大会上，习近平总书记指出“把以治病为中心转变为以人民健康为中心”，意味着要将实现全民健康的侧重点引向前端，即引导全体人民向不得病、少得病方向去努力，而作为前端的全民健身工作重要性毋庸置疑。把握住这个侧重点，也就抓住了全民健身和全民健康深度融合的关键。

5. 为什么说实施“全民健身计划”是国家的重要发展战略?

2014年10月20日，国务院印发的《关于加快发展体育产业 促进体育消费的若干意见》（国发〔2014〕46号）提出，将全民健身上升为国家战略。全民健身战略是国家层面的战略，是国家为营造重视体育、支持体育、参与体育的社会氛围，增强人民体质、提高健康水平，发展体育产业，推动体育消费，不断满足人民群众日益增长的体育需求，实现体育强国目标而实施的发展战略。《计划》是“十三五”时期实施全民健身国家战略的总体布局和顶层设计，其全部内容是围绕实施全民健身国家战略而展开的。

我国的全民健身计划自1995年开始实施（以《纲要》的颁布为标志），二十多年后的今天，社会对全民健身的需求及满足这些需求的社会条件都发生了巨大变化。全民健身国家战略的提出，是依据这些变化对全民健身进行的重新定位。将全民健身上升为国家整体战略性的制度安排这一新的定位意义重大，它意味着全民健身事关国本，其发展状态与国家整体利益和长远利益息息相关，它要实现的目标是国家目标，而国家目标必须依托国家战略才能实现。国家战略不是某行业战略，更不是部门战略，其最突出的特点是整体性和协同性。

因此，《计划》作为全民健身上升为国家战略后的第一个五年计划，全面地体现了对全民健身国家战略的落实。只有实施好《计划》，才能将国家战略落到实处，而它是否能有效落实，关键取决于各级人民政府、体育系统、社会各界能否真正认识到《计划》是国家的重要发展战略。

6. 如何理解全民健身与健康中国两个国家战略的关系?

全民健身与健康中国两个国家战略是你中有我、我中有你、紧密联系、互为补充的关系。

习近平总书记在全国卫生与健康大会上强调要“推动全民健身和全民健康深度融合”，又进一步明确了二者之间应有的关系。

综合来看，二者具有以下共同特征。

（1）地位均等。均是中央从国家战略层面推出的重大国家部署。

（2）目标一致。均是以实现全体人民的全面健康为目的。

（3）性质相同。均是民生工作，且同时都在推动体育产业、健康产业等新兴产业的形成。

（4）均有创新。均是立足自身拓展发展外延，提出了以“大体育”“大健康”为代表的一系列创新举措。

7. 新时期全民健身发展内涵有哪些深刻变化?

新时期全民健身发展内涵的变化主要体现在四个方面。

（1）全民健身价值定位的变化。健身已经从过去的只注重强身健体、增强体魄向全面发挥促进主动健康、积极健康的健康功能，促进体育产业发展拉动体育消费的经济功能，提高人的全面素质、弘扬社会正能量的教育功能，以及增进社会和谐、促进人际沟通的社会功能转变。

（2）全民健身资源配置方式的变化。由过去单纯依靠政府配置绝大部分全民健身资源、全民健身产品和服务供给主体相对单一的局面，向政府、社会、市场和个人等多元主体共同配置全民健身资源，资源配置更加向市场倾斜的方向转变。

（3）全民健身发展方式的变化。由过去单纯由政府主导、靠政府宣传号召发动为主的发展方式，向更加注重各方力量协同用力、强调社会办体育的方向转变，由体育部门一家独办向政府多部门协同开展工作转变，更加强调跨界整合、融合发展。

（4）全民健身领导机制的变化。由过去体育部门牵头推进工作向政府出面牵头、多部门联动的层次转变，由部门行为上升为政府行为，体现了落实国家战略的需要。

8.《全民健身计划（2016—2020年）》的框架结构是怎样划分的?

《计划》框架结构是在延续“十二五”《计划》框架结构的基础上，参考近两年国务院出台的其他相关事业发展规划框架结构，进行了适当创新，主要分为前言、总体要求、主要任务、保障措施、组织实施五个部分，具体见下图。

- 《全民健身计划（2016—2020年）》
  - 前言：对全民健身在国家发展中的地位和作用、过去5年全民健身发展的基本成绩、未来5年全民健身的形势任务和制定《计划》的目的做了简要说明。
  - 总体要求：提出指导思想和发展目标。围绕人民群众的体育健身需求，党和国家对全民健身工作的要求，从政治指导、方法指导和目标引领等方面进行表述，突出了以人为本的执政理念，主要是解决“为了谁”的问题。
  - 主要任务：围绕发展目标，从弘扬体育文化、加强全民健身活动、组织、场地设施建设、发挥全民健身多元功能、拓展全民健身国际交流、推进全民健身重点工作7个方面提出重点任务，主要是解决“干什么”的问题。
  - 保障措施：围绕目标任务的完成，从体制机制创新、加大资金投入、评价激励方式、科技创新引领、人才队伍培养、法规政策完善等7个方面提出措施，主要是解决“怎么干”的问题。
  - 组织实施：从组织领导与协调、过程管理与绩效评估两个方面做出规定，以保证总体要求和主要任务的完成。

9.《全民健身计划（2016—2020年）》的特点主要体现在哪些方面?

《计划》的特点主要体现在以下四个方面。

（1）鲜明的导向性。在政治导向上，《计划》通篇体现了十八大以来中央的决策部署，彰显“五大发展理念”；在问题导向上，《计划》针对“十二五”《计划》实施效果评估中发现的问题，逐一提出解决措施；在需求导向上，《计划》体现了以人为本，时刻聚焦老百姓在体育健身过程中的现实需要。

（2）清晰的连贯性。《计划》是党和国家关于全民健身事业发展总体布局的历史传承，从1995年国务院印发《纲要》，到2005年“全民健身与奥运同行”，2009年颁布《条例》，再到2011年印发“十二五”《计划》，以至2014年国务院将全民健身上升为国家战略，全民健身在国家各项事业发展中的位置不断提升，《计划》体现了全民健身事业发展的历史沿革。

（3）突出的创新性。《计划》全文共7284字，分为5个部分，通篇体现“创新”这一发展理念。“创新”一词共出现10次，包括科技创新、机制创新、模式创新、万众创新、平台创新、设施创新等，这与创新发展理念环环相扣、密不可分。

（4）强烈的前瞻性。《计划》对接京津冀协同发展、扶贫开发等“十三五”国家重大发展战略，体现了用体育文化引领体育健身发展，对接足球、冰雪、马拉松、户外等体育改革发展中的重点项目发展要求，顺应了中国体育在国际舞台上从追随到引领、从边缘到中心的发展趋势。

10.《全民健身计划（2016—2020年）》有哪些新意和亮点？

《计划》是指导“十三五”时期全民健身事业发展的行动纲领，也是全民健身上升为国家战略和建设健康中国背景下，对未来五年全民健身工作的顶层设计，具有很多新意和亮点，主要表现如下。

（1）对全民健身的理解、认识和定位发生了很大变化。首次将全民健身作为健康中国建设的有力支撑和全面建成小康社会的国家名片。过去体育健身主要是为了增强体质、强身健体，现在认识已经超越这一范畴，不仅要健身，还要健心，从单方面强调健身到提倡全面锻炼。之前在工作中把全民健身更多定位在体育系统、理解为体育行为，新的周期更多地把全民健身作为社会现象加以理解，强调体育不仅是体育系统的事，更是全社会的事。推动方式也要通过融合发展，是体育和医疗、卫生、旅游、教育、文化的融合发展。

（2）把弘扬体育文化摆在引领全民健身发展的突出位置。《计划》在主要任务的第一条就提出要弘扬体育文化，引导发挥体育健身对形成健康文明生活方式的作用，树立人人爱锻炼、会锻炼、勤锻炼、重规则、讲诚信、争贡献、乐分享的良好社会风尚。这在以往的文件中比较少见。

（3）突出了“十三五”时期基本公共体育服务的均等提供和全民健身服务于扶贫攻坚大局的作用。这与今后五年实现全面建成小康社会的目标直接吻合，体现了大局意识。

（4）强化全民健身科技创新，重在科学健身指导。利用新的科技手段支撑全民健身创新发展，提出“运动是良医”的理念，建设运动处方库，把进行锻炼保持健康的很多方面都容纳了进去，包括健身方法和手段、科学的监测衡量体系和器材装备等。

（5）对场地设施细则的规定更加详细。和以往相比，《计划》中有关场地设施部分的篇幅较多，而且《计划》发布之后，会有更具体可行的方案来监管落实，能更有效地解决场地量化监管问题。

（6）《计划》还专门提出要加快发展足球运动和冰雪运动。在当前深化足球改革和筹备2022年北京冬奥会的大背景下，《计划》希望借助这两股“东风”，进一步推动这两个项目蓬勃发展，从而带动全民健身运动的广泛普及。

11. 起草《全民健身计划（2016—2020年）》的主要依据是什么？

《计划》是党和国家“十三五”时期的一系列决策部署在全民健身领域的具体体现，起草《计划》的主要依据如下。

（1）党的十八届五中全会通过的《中共中央关于制定国民经济和社会发展第十三个五年规划的建议》，这是“十三五”时期国家各项事业发展的总纲领和总指南。《计划》的起草以国家“十三五”规划建议的总体要求为指导，将“十三五”国民经济和社会发展总规划的核心要义、精神实质贯彻落实到《计划》起草过程中。

（2）近几年，中共中央、国务院印发了若干与全民健身发展密切相关的指导性文件，涉及健康、养老、文化、旅游、体育产业等行业和政府购买服务、基础设施建设、创新投融资机制、推进城镇化进程、筹备北京冬奥会、足球改革发展等诸多领域。《计划》的起草充分吸纳了相关表述和措施，将其融汇到全民健身事业发展中并加以拓展，以体现中央政策间的相互协调和呼应。

（3）为摸清现状，找准问题，国家体育总局创新性地开展了“十二五”《计划》的实施效果评估，形成了多方位、立体化的评估报告，对“十二五”时期全民健身事业存在的重点问题进行了梳理和提炼。《计划》的起草针对目前的发展现状进行准确定位，针对评估中的突出问题提出解决对策，切实体现了有针对性和可操作性。

（4）为整体梳理判断全民健身事业发展所面临的形势，在起草《计划》前，体育总局围绕新周期《计划》起草开展了10项专题研究，涉及《计划》发展环境和主要指标，国际大众体育发展经验，全民健身公共服务体系，更好地发挥体育社会组织、市场的作用和调动社会力量，“十三五”时期公共体育设施规划，群众体育发展问题和需求，以及《计划》撰写的框架结构等方面。《计划》的起草以研究成果为依托，在研究成果的基础上科学提出目标任务和政策措施。

12. 如何理解《全民健身计划纲要》《全民健身条例》和《全民健身计划》之间的关系？

1995年6月，国务院颁布了《纲要》，对1995年到2010年我国全民健身事业面临的形势进行了分析，对这15年的奋斗目标、工作任务、实施对象、工作重点、对策措施、实施步骤等作了全面统筹安排。这是20世纪末和21世纪初我国全民健身事业发展的行动纲领，由此拉开了推行全民健身计划的大幕。

2008年北京奥运会后，为使举办北京奥运会的遗产惠及更多国民，满足人民群众参加体育健身的迫切需求，提高各级政府履行公共体育服务职能的能力，2009年，国务院颁布了《条例》。这是我国第一部专门规范全民健身的行政法规，从保障人民群众在全民健身活动中的合法权益、促进全民健身活动开展、提高人民身体素质的角度出发，对全民健身涉及的各个方面进行了规范，特别在与人民群众参与健身活动密切相关的体育设施、健身指导、安全要求等方面提出了明确要求，突出了政府发展全民健身事业的责任，体现了党和政府以人为本的执政理念、全心全意为人民服务的宗旨。《条例》的颁布进一步明确了全民健身的法律地位，丰富和完善了全民健身法规体系，为全民健身事业的发展提供了法律依据和保障。

为进一步明确全民健身计划的地位，对政府制定和实施全民健身计划提出要求，增强可操作性，《条例》用一个章节的篇幅对“全民健身计划”做了较为全面的规范。明确全民健身计划由国务院制定，并特别对县级以上地方人民政府制定本行政区域的全民健身实施计划提出要求。《条例》将政府发展全民健身事业的责任落到全民健身计划的制定、实施的具体工作层面，并将此作为指导全民健身工作的重要手段和依据。

依照《条例》规定，2011年国务院印发了“十二五”《计划》，对“十二五”时期全民健身工作的目标、任务、措施、保障等内容进行了规定，并形成了“计划”与“国民经济与社会发展规划”同步的五年一个周期。2016年，国务院印发了《计划》，作为“十三五”时期全民健身工作的总体设计。

《纲要》《条例》《全民健身计划》都是国务院对全民健身工作的指导性文件，三者具有延续性，反映了党和国家对全民健身工作越来越重视，指导也越来越细致。《纲要》是20世纪末和21世纪初我国全民健身事业发展的行动纲领，实施周期较长、具有全面性和引领性的特点；《条例》是2008年北京奥运会以后颁布的我国第一部专门规范全民健身的行政法规，规定的内容更宏观、调整的范围更宽泛、修订的周期更长，具有法律效力；《全民健身计划》是以《条例》为依据的指导性文件，内容较为具体，目标任务较为清晰，考核评估更加灵活，修订的周期较短，与《国民经济与社会发展规划》同期印发。

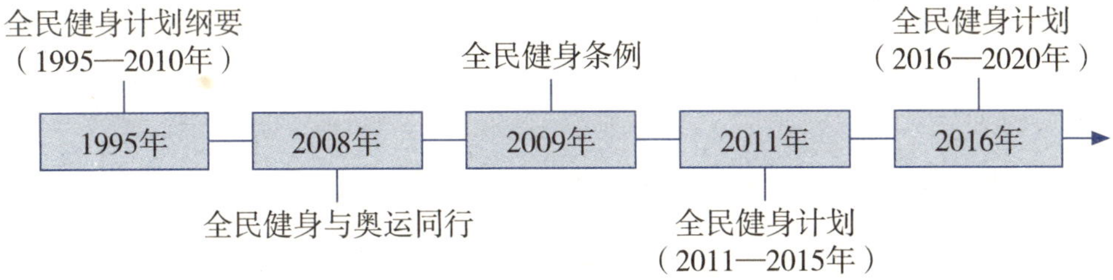

13. 通过全民健身计划（2011—2015年）的实施，主要取得了哪些成绩?

2011年2月15日，国务院印发“十二五”《计划》，根据“十二五”《计划》规定，国家体育总局在2014年组织开展了“十二五”《计划》实施效果评估。评估结果表明，“十二五”《计划》实施主要取得了以下主要成绩。

（1）经常参加体育锻炼的人数比例上升。截至2014年底，全国经常参加体育锻炼的人数比例达到33.9%，比2007年提高了5.7%，其中16岁以上（不含在校学生）城市居民达到19.8%，农村居民达到9.5%，分别比2007年提高了6.7和5.4个百分点，超过预定目标。

（2）城乡居民身体素质有所提高。根据2014年国民体质监测结果，城乡居民达到《国民体质测定标准》合格以上的人数比例为89.6%，比2010年提高了0.5个百分点。全国学生体质健康状况出现积极变化。青少年的形态发育水平继续提高，学生肺活量指标逐年稳步上升，爆发力素质出现好转，耐力素质显现止“跌”并逐步回升，速度素质下滑趋势得到遏制，力量素质下降速度减缓。

（3）全民健身“三纳入”基本实现。将全民健身事业纳入各级国民经济和社会发展规划、将全民健身事业经费纳入各级财政预算、将全民健身工作纳入各级政府年度工作报告（简称“三纳入”）是落实“十二五”《计划》的重要抓手。全国绝大部分省（区、市）基本实现了省、市、县三级政府“三纳入”全覆盖。

（4）全民健身宣传教育不断加强。各省区市在实施“十二五”《计划》过程中深入开展全民健身宣传教育，发挥体育健身的多元功能和综合价值，全民健身宣传和科学健身知识传播日益常态化。

（5）覆盖城乡、比较健全的全民健身公共服务体系初步形成。体育健身场地设施有较大幅度增加，全国各地（市）、县（区）、街道（乡镇）、社区（行政村）已经普遍建有体育场地，配有体育健身设施。截至2015年底，市（地）、县（区）50%以上建有全民健身活动中心，街道、乡镇和社区、农村行政村50%以上建有便捷、实用的体育健身设施，建成乡镇体育健身工程21253个，覆盖全国乡镇数的52.6%，建成农民体育健身工程573580个，覆盖全国78.3%的行政村。社会化全民健身组织网络基本形成，全国县及以上地区体育总会平均覆盖率达到72%，有8个省（区、市）的覆盖率达100%。单项体育协会、行业体育协会及老年人、残疾人、少数民族、农民、学生等体育协会数量大幅增加，特别是青少年体育社会组织大力发展，其中各级各类青少年体育俱乐部总数达到6770个。城市社区普遍建有体育健身站点，全国全民健身站点平均已达到每万人3个。全民健身活动丰富多彩，示范性健身活动、制度化项目业余联赛、自发性群众身边活动等多种形式的全民健身活动蓬勃发展。活动形式从大型展示活动向就近就便、小型多样转变，活动组织从主要靠政府组织向依托社会、全民参与转变，参加人群从少数、固定、集中向大众、日常、分散转变，活动内容从传统单一向多样时尚转变。各地结合当地传统特色和群众需求喜好，打造“一地一品”“一区一品”“一行一品”全民健身品牌活动，参加项目也逐渐从传统项目向新兴项目拓展。截至2015年底，获得社会体育指导员技术等级证书的已经超过193万人，获得社会体育指导员和救助人员国家职业资格证书的达到19万人。全国每千人公益社会体育指导员比例达到1.7人，超过了1.5‰的标准。具体数据可参考下表。

“十二五”全民健身约束性指标实现情况表

序号	指标名称	目标值	完成值	进展评价
1	经常参加体育锻炼的人数比例	32%以上，其中16岁以上（不含在校学生）的城市居民达到18%以上，农村居民达到7%以上	33.9%，其中16岁以上（不含在校学生）的城市居民19.8%，农村居民9.5%	提前完成
2	全国各类体育场地数量	120万个以上	169.46万个	提前完成
3	人均体育场地面积	1.5平米	1.57平方米	提前完成
4	全民健身中心覆盖率	50%以上	50%以上	完成
5	便捷、实用的体育健身设施覆盖率	50%以上	50%以上	完成
6	体育组织覆盖率	城市街道80%以上、农村乡镇60%以上	数据估算	基本完成
7	获得社会体育指导员技术等级证书的人数	100万人以上	193万以上	提前完成
8	获得社会体育指导员国家职业资格证书的人数	10万人以上	19万人以上	提前完成

14. “十三五”时期，全民健身的发展面临哪些挑战?

“十二五”《计划》实施效果评估当前全民健身的发展还存在以下六个方面的挑战：一是全民健身的发展依然不平衡，包括地区间、城乡间和体育健身的参与人群不平衡；二是全民健身公共服务体系尚需完善；三是参与全民健身的社会力量动员不够；四是体育社会组织有待发展壮大；五是公共财政的投入依然较低；六是全民健身氛围不平衡、信息化程度不高。

通过“十二五”时期的努力，全民健身发展取得了很大成绩，但还有上述问题需要加以解决，这对未来的发展是一种挑战。同时，由于“十三五”时期全民健身的发展环境出现了新的变化，随之也带来了一些新的挑战：

（1）全民健身上升为国家战略，并与健康中国战略深度融合，对全民健身发展的理念、内容、标准、模式、机制、评估等提出了更新、更高的要求，需要在顶层设计上进行重新思考，并作出相应部署和安排。

（2）全面建成小康社会的目标，对新时期全民健身工作如何发挥作用、助力目标实现提出了新要求。

（3）中国经济发展进入新常态以后，如何适应新常态，如何推动体育产业、健康产业等相关产业发展，是全民健身面临的新课题。

（4）人们对健身的需求日益多元化，给新时期全民健身的供给能力和服务水平提出了新要求。

（5）民间草根健身组织、新兴网络体育组织等的快速发展，给新时期全民健身管理与服务、培育与引导等工作提出了更高要求。

（6）科技发展日新月异，带来了人们生活观念和生活方式的不断变化，对如何预估、预判全民健身发展形势，如何及时妥善应对各种新情况和新问题提出了新的挑战。

面对以上种种状况，“十三五”时期需要各级政府、体育行政部门大胆创新，针对各种新情况、新问题，提出新思路、新方法，通过创造性地开展工作，确保全面完成《计划》各项任务。

DI ER PIAN ZONG TI YAO QIU

第二篇　总体要求

15.《全民健身计划（2016—2020年）》如何体现“四个全面”的战略布局？

《计划》是在党中央“四个全面”战略布局的指导下制定，通过深入学习、系统思考，充分领会“四个全面”的精神内涵，并将其全面融入到《计划》中。具体来说，主要体现在以下四个方面。

（1）充分体现全面建成小康社会。《计划》在发展目标、主要任务和保障措施等方面都体现了全面建成小康社会的总体要求。如：在发展目标中，明确提出了“支撑国家发展目标、与全面建成小康社会相适应的全民健身公共服务体系日趋完善”的目标要求；在主要任务中，将老少边穷地区、青少年、老年、残疾人及相关特殊人群的全民健身工作作为重点任务提出；在保障措施中，着重强调了体育生活化街道（乡镇）和体育生活化社区（村）建设，以及通过评估、激励机制建设为弱势人群增加机会、增加获得感等。

（2）充分体现全面深化改革。针对全民健身工作，《计划》无论是在理念、方法上，还是在体制机制、科技、人才创新上都与以往有较大不同，提出诸多改革创新内容，体现了全面深化改革的要求。如：按照落实全民健身国家战略、推进健康中国建设，以及促进全民健身与文化、教育、旅游等融合发展的新情况、新机遇来进行工作定位；首次提出了“立体构建、整合推进、动态实施”的工作方法，明确了政府主导、部门协同、智库和社会组织等社会力量共同参与的全民健身组织架构，强调了智库和社会组织的职能；创造性地提出了在街道、乡镇层面探索建设以健康为主题、整合基层宣传、卫生计生、文化、教育、民政、养老、残联、旅游等部门相关工作的健康促进服务中心；在科技创新方面，充分利用现代科技手段建设全民健身管理资源库与服务资源库，搭建全民健身激励平台等。

（3）充分体现全面依法治国。《计划》无论是在思想指导层面，还是保障措施层面，都提出了具体的相关要求，体现了全面依法治国的理念。如：在指导思想中，明确了依法治体的原则；在保障措施中，专门提出修订《中华人民共和国体育法》，加快地方全民健身立法，建立健全全民健身执法机制和执法体系，做好全民健身中的纠纷预防与化解工作等一系列内容。

（4）充分体现全面从严治党。《计划》注重体现政治意识、大局意识、核心意识、看齐意识，始终与党和国家的总体发展方向保持一致，同时加强对工作过程的督导和工作绩效评估，体现了全面从严治党的精神实质。

16. 如何在全民健身工作中贯彻落实“五大发展理念”？

党的十八届五中全会提出“创新、协调、绿色、开放、共享”五大发展理念，反映了“四个全面”战略布局目标任务的新要求，展现出党对国内外发展规律的深度把握，是指导“十三五”时期乃至更长时期我国发展的基本遵循。可以说，“五大发展理念”是科学发展观的具体体现，更是对其的继承和创新。在全民健身工作中，要深入贯彻落实十八届五中全会精神，以五大发展理念引领“十三五”时期全民健身工作。

《计划》是在“五大发展理念”指导下制定出来的，是“五大发展理念”在全民健身工作中的具体体现。各地应把《计划》作为开展全民健身工作的总纲领，根据具体情况，在制定《全民健身实施计划》中要重点体现对“五大发展理念”的落实。

为贯彻落实“五大发展理念”，全国各地各级体育干部要认真学习思考“五大发展理念”与全民健身工作的关系，按照“立体构建、整合推进、动态实施”的工作方法（详见第19问），指导全民健身工作开展。

随着国际国内政治、经济、社会、科技等的快速发展，给体育事业发展带来了全新的机遇和挑战。当前，我国体育正面临着全面深化改革，人们对健身需求日益增加，这就要求全民健身工作者要树立“大体育、大健康”意识，通过构建“大群体”工作格局来全面贯彻落实“五大发展理念”。具体如下。

（1）贯彻落实创新发展。①树立创新发展意识。②打破原来习惯性思维模式，针对当前的新情况、新事物、新问题，运用新的工作理念、思路、方法来应对和解决。③创新全民健身软硬件建设标准，因地制宜地提供全民健身活动、场地设施等服务供给。④利用先进的科技成果，把互联网、人工智能等与全民健身工作相结合，创新平台与产品服务。

（2）贯彻落实协调发展。①树立协调发展意识。②在全民健身顶层设计中，既要统筹当前和未来发展，又要谋划整体与局部发展，从而实现自上而下、自内而外的立体协调发展。③将全民健身与文化、教育、卫生、旅游等相关领域结合，统筹研究全民健身政策、规划、标准、项目和工程，实现全民健身与外部各项事业的协调发展。④按照全面、科学可持续的要求推进全民健身、竞技体育和体育产业及体育文化的协调发展。⑤在全民健身工作中，统筹考虑各地自然、人文、经济、民生的实际情况和百姓需求，既要抓重点、出亮点，又要保基本、促多元，实现协调发展。⑥在全民健身建设时，要将硬件和软件建设一起考虑，同步推进，实现全民健身硬件软件协调发展。

（3）贯彻落实绿色发展。①树立绿色发展意识。②充分发挥全民健身先天绿色生态优势，将其转化为发展优势。③以赢得全面、健康为目的，从固本培元着手，培养每个人的健康观和生态意识，宣传、引导和推动有利于形成绿色生态、健康文明的生活方式。④在全民健身活动、赛事、场地设施建设中，必须要以良好的绿色生态条件为基础，把绿色发展的理念融入全民健身工作的全过程中，为全民健身可持续发展奠定基础。

（4）贯彻落实开放发展。①树立开放发展意识。②用“大体育、大健康”的视角来思考和审视全民健身工作，培养全民健身工作者“大视野、大胸怀、大格局”的思维。③开门办体育，积极整合智库、社会组织等社会力量，形成政府主导、部门协同、智库和社会组织等社会力量共同参与的开放型“大群体”格局。④搭建全民健身平台和渠道，主动对接国家、地方发展战略，推动全民健身与其他行业的融合，拓展全民健身发展新领域、新空间。同时，在国际范围内主动开展合作，整合资源，深化体育交流，扩大全民健身的影响力。

（5）贯彻落实共享发展。①树立共享发展意识。②坚持发展为了人民、发展依靠人民、发展成果由人民共享的原则，以全民健身公共服务体系建设为核心，将全民健身基本公共服务与非基本公共服务区别开来。首先是保基本、兜底线、补短板，积极开展“三边工程”，增加全民健身基本公共服务供给，加大对青少年、老年人、残疾人等特殊人群和老少边穷地区的扶持力度，使每个人都享有全民健身的机会。其次是通过设置评估、激励机制，帮助百姓改善生活、降低生活成本、增加收入，给予个人、家庭和群体更多发展机会，使生活压力大、机会少、关爱不够的人群，以他们能接受的方式获得看得见、摸得着的实惠。③在全民健身场地设施建设中，以广大人民群众的满意度为目的，严格控制“高大上”的项目。

深入认识“五大发展理念”的意义和内涵，是我们全民健身工作者的义务和责任，也是我们全民健身工作发展的重大机遇。我们要以担当精神，在全民健身工作中贯彻落实好“五大发展理念”。

17.《全民健身计划（2016—2020年）》如何体现以人为本的执政理念?

全民健身是践行我党“立党为公，执政为民”理念的重要举措，是体现以“人民为中心”最有效的途径之一。《计划》在“指导思想”部分指出，全民健身要“以增强人民体质、提高健康水平为根本目标，以满足人民群众日益增长的多元化体育健身需要为出发点和落脚点”，并将这一核心指导思想贯穿于《计划》始终。

（1）强调因地制宜。我国是一个13亿人口的大国，因地理风貌、地域文化、年龄阶段、职业特点，以及个人兴趣爱好、文化层次和经济水平的不同，健身需求也呈现出差异化、多样化、多层次特征，对此，《计划》指出，要因时因地因需开展群众身边的健身活动，分层分类引导运动项目发展。“因时”“因地”“因需”和“分层”“分类”，充分考虑到了各类人群对健身的不同需要。“三因”和“两分”，可谓细致入微，把各种情况、各种可能都考虑进来，不强求一致，不搞整齐划一，更加务实，更具可操作性，也更显人性化。

（2）突出方便实用。要把健身活动融入日常生活，把健身活动变成一种习惯，便利的健身设施和锻炼条件是重要一环。《计划》指出，统筹建设全民健身场地设施，方便群众就近就便健身。“就近”“就便”旨在解决长期以来存在的参加健身活动不近、不便的问题，是想人民群众之所想、急人民群众之所急的重要体现。《计划》在健身场地设施建设上以“方便实用”为原则，在“有效扩大增量”方面，要求建设县、乡、村三级群众身边的全民健身设施网络，特别是行政村健身设施全覆盖和城市社区15分钟健身圈；在“盘活存量资源”方面，要求结合场地附近的环境，进行空间的二次利用。两项举措把“就近”“就便”落到了实处。

（3）重视欠发达地区和弱势群体。《计划》指出，要“强化全民健身发展重点，着力推动基本公共体育服务均等化和重点人群、项目发展”。把老少边穷地区列入全民健身的重点发展地区，把青少年、老年人及其他特殊群体纳入全民健身基本公共服务的重点人群，深刻体现出《计划》践行“以人为本”的坚定性和始终如一性。

（4）体现“三全”理念。《计划》充分体现了以人民为中心的执政理念，提出全民健身要服务全体人民，主要体现在：①实现全民健身服务全覆盖；②强调关注人从青少年到老年的生命全周期；③注重体育健身全过程，包括从激发锻炼兴趣到学会锻炼，从跟着锻炼到主动锻炼，从参与基本健身活动到追求更高层次锻炼效果。

总之，《计划》在编制过程中，始终在思考人民期待什么，能给人民带来什么，把实现好、维护好最广大人民的根本利益作为出发点和落脚点，彰显了人民至上的价值取向和发展导向。

18. 如何落实“以人为本、改革创新、依法治体、确保基本、多元互促、注重实效”的工作原则?

《计划》提出“坚持以人为本、改革创新、依法治体、确保基本、多元互促、注重实效”的工作原则，概括了“十三五”时期全民健身事业发展应遵循的基本准则。

（1）落实“以人为本”原则。各地要以满足人民群众日益增长的多元化体育健身需求为出发点和落脚点，工作重心下移，更加注重全民健身公共服务体系建设。在活动上，要以百姓喜闻乐见的活动为主，因时、因地、因需开展群众身边的健身活动，并针对不同人群，分层分类引导运动项目发展；在组织上，要更加重视基层体育组织培育和发展，尤其对活跃在群众身边的民间草根组织、新兴网络组织等，要加大扶持和引导力度；在场地上，要防止一味追求大型场馆建设，应更加注重群众身边的健身场地设施建设，方便群众就近就便健身；在机制上，要通过建立多渠道、市场化的激励机制，调动最广大人民参与和支持全民健身的积极性；在评价上，要体现多元、立体评估，尤其注重通过社会满意度调查落实以人为本原则。

（2）落实“改革创新”原则。一是在发展理念上进行改革创新，在体育扶贫和服务小康社会建设上做出创造性贡献，针对老少边穷地区及弱势群体、特殊人群，创造性地开展工作；二是推动全民健身工作机制和工作模式改革创新，建立“杰”字型全民健身组织架构，着力把智库体系和社会组织体系建设好，并以建设健康促进服务中心为抓手，推动《计划》有效落地；三是根据新时期群众健身需求的不断变化，对全民健身活动、场地、组织等建设标准和发展模式进行改革创新，鼓励各地根据各自实情建立新标准、探索新方法；四是利用科技手段实现改革创新，建设好全民健身管理资源库和服务资源库，为提升全民健身管理和服务水平，提供新的支持和保障；五是在资金保障、评价体系、激励机制建设等方面进行改革创新，充分调动社会力量参与和支持全民健身工作，在资金、场地设施建设、第三方评估、激励平台建设等方面发挥积极作用，为全民健身发展注入新动能。

（3）落实“依法治体”原则。一是强化法治思维，牢固树立“法无授权不可为，法定职责必须为”的法治观念；二是对《体育法》《条例》进行审议和修订，及时剔除不符合时代发展趋势的内容，补充和完善能够满足群众健身需求的内容，用法律手段保障人民健身权益；三是各地要建立和完善落实相关法律、条例的政策制度，为贯彻法律提供相应的政策支撑和制度保障；四是各地要建立和完善执法机制及执法体系，确保法律得到有效落实和执行。

（4）落实“确保基本”原则。就是要以政府为责任主体，建立和完善覆盖城乡的全民健身基本公共服务体系。一要确保面向最广大人民群众的服务供给；二要确保能满足各类人群最基本的健身需求；三要确保服务向公众开放。

（5）落实“多元互促”原则。一是在工作上，全民健身要注重与文化、教育、旅游、卫生、养老、助残等各项事业及相关产业发展相结合，追求一举多得的联动效应，尤其要做好做实体育生活化社区、健康促进服务中心建设等能充分体现多元互促的工作；二是在区域上，各地要注重与国内外其他地区之间的交流与合作，实现互促发展；三是在活动、场地、组织、资金筹措、评价与评估等方面，各地政府都要注重与其他企事业单位、公益组织等实现互促发展，形成整合推进、融合发展的“大群体”格局。

（6）落实“注重实效”原则。一是要避免重表面、轻实际和搞形象工程，控制“高大上”的项目和工程，多做百姓看得见、摸得着的工作，让百姓得实惠；二是要转变重硬件、轻软件的惯性思维，通过提升管理运营能力和服务水平，让场地设施和健身组织真正发挥作用；三是要避免重计划、轻执行，通过强化过程监督和效果评估，推动《计划》落地并产生实效。

各地在推进全民健身工作中，必须牢牢把握以上原则，因地制宜开展工作，确保全民健身工作不走样、不跑偏，确保《计划》各项任务得到全面落实。

19. 如何理解“立体构建、整合推进、动态实施”这一工作方法？

“立体构建、整合推进、动态实施”是“十三五”时期全民健身工作的方法指导，可以从以下三方面来认识和理解。

（1）从其提出的背景来看。①随着国务院46号文件将全民健身上升为国家战略，全民健身从体育单一领域的工作上升为涵盖文化、卫生等各领域的一项关乎国家和民族长远发展的战略性工作。这不仅给全民健身发展带来了新机遇，更提出了新要求。再加上近年来随着人们生活水平的提升，百姓对体育健身的需求日益增强，呈碎片化、生活化、多元化发展态势，原来的工作思路、工作模式已经很难适应新时期全民健身发展的需要，各种新旧问题交织。因此，对于全民健身各级管理者、工作者来说，急需一个能应对当前各种问题并引领未来发展、与全民健身新地位相匹配的工作思路与模式。②习近平总书记多次强调，改革创新要紧紧围绕推进国家治理体系和治理能力现代化的总目标。国家体育总局局长刘鹏提出，以构建全民健身公共服务体系为核心，强化组织领导，履行政府职责，建立“大群体”发展格局。再有，近年来在中央和总局下发的诸多文件中纷纷强调要因地制宜地开展工作。可以说，立体、整合、动态的工作方法已在中央决策层和总局领导层初步形成。③当前部分省、市、县，尤其是基层，体育行政部门与教育、文化、旅游、新闻出版、广播电视等单位存在不同程度的合并，全民健身单项工作面临着人员少、投入少、工作量大、多项工作交织等诸多新问题、新情况。再加上我国幅员辽阔，人口、民族众多，地理环境和自然气候复杂、差异性大，各地生活习惯千差万别，经济发展不均衡。这就决定了实施全民健身计划不可能“一刀切”。这就需要一个既具有统领性又可对接多方需求的结合点和平衡点、因地制宜地将全民健身工作落到实处的新的工作理念、思路和方法。④在目前改革进入攻坚期和深水区、经济发展进入新常态、社会矛盾多发的大背景下，全民健身面临的问题也更加复杂，原有或固有的工作理念、模式已不适用于当前和未来的发展。在这样错综复杂的大环境下，提出了“立体构建、整合推进、动态实施”的工作理论、思路与方法，它既是对全民健身以往局部性、随机性、滞后性、碎片化的工作思路的重大突破，更是适应未来发展趋势、指导全民健身可持续发展的理论和方法创新。

（2）从基本内涵来看。“立体构建、整合推进、动态实施”的工作方法，注重需求，立体调研，通盘考虑，以联系的、发展的观点看问题，涵盖工作开展的整个流程，并从诸多需求中找出对接点，形成立体的顶层设计。在顶层设计基础上，整合推进，动态实施，进而实现精准对接需求，推动全民健身工作大发展。具体内容如下：①立体构建。全民健身丰富的内涵和外延决定它不是孤立存在的，而是受诸多因素影响，包括自然、人文、经济、教育、卫生、文化、精神文明等多个维度。受众个体在健康程度上，有健康、亚健康、患病、康复之分；在人员身份上，有学生、工人、农民、公务人员、商业人员、科技人员、文职人员、领导干部、行为矫正人员、残疾人、自由职业者等诸多差异。这其中，便产生了整体需求与局部需求、当前需求与未来需求、短期需求与长期需求、个性需求与共性需求等诸多需求类型。因此，只有在立体地研究和对接需求的基础上，制定含有思想指导、实践路径、呈现体系的顶层设计，所勾画出的全民健身宏伟蓝图才更具鲜活性和立体性。②整合推进。整合推进模式是在做好顶层设计的前提下，以精准对接实际工作需求为指导，调动一切力量凝聚到工作上来，形成合力开展工作。全民健身工作中涉及体育、医疗、卫生、养老、文化、教育等各个领域，各级政府、社会组织、智库等服务方和参与方都有各自的需求，百姓也有不同层次、不同类型的健身需求。立足全民健身对接共同需求点，既对各项工作进行精准划分，制定精准的方法和标准，又整合调动各领域与全民健身相关的资源，最终达到共建、共管、共享的状态，实现全民健身与其他部门工作协同推进、融合发展。③动态实施。一是对全民健身工作本身的动态审视。在具体落地工作中，依据因时因地因需的理念，把握动态性原则，在顶层设计大框架下，为基层留出一定的弹性空间。二是随着内外部环境变化，应对新问题，在微观层面，适度调整实施方案，如目标、方法、人员、资金调整等。不过分拘泥于宏观规划，不僵硬、刻板地推进工作，才能使全民健身工作呈现出整体推进与千帆竞发、百花齐放并存的壮观局面，其最终目的依然是完成大战略的整体目标。

（3）从蕴含的时代特征来看。这一提法是在治国理政总体方略下与时俱进产生的。它实现了从传统体育管理向现代社会治理提升的转变，符合我国全民健身事业发展的根本要求，是一个系统性、整体性和协调性的新型理论，它既是开展工作顶层设计的指导思想，也是推进具体落实工作的指导方法和工具。

20. 如何理解全民健身公共服务体系？

全民健身公共服务体系是指政府为满足全体人民健身需求而提供的各种公共体育服务组成的有机整体，是全民健身领域政府服务能力和服务程度的整体体现。

全民健身公共服务体系包括全民健身基本公共服务体系和全民健身非基本公共服务体系两大部分。

全民健身基本公共服务体系是满足最广大人民群众当前阶段最基本健身需求、在公共场所提供的各种健身服务的总称。政府是服务的主要提供者，也是责任主体。

全民健身非基本公共服务体系是满足有商品服务要求和较高消费能力的人群当前阶段多元的、更高的健身需求，在个人、家庭场所或公共场所提供的各种个性化、高品质健身服务的总称。政府通过政策、激励机制等途径，促进和引导社会和市场提供服务，政府是服务的间接提供方，社会和市场是责任主体。

21. 如何打造全民健身产业链？

产业链是产业经济学中的一个概念，是各个产业部门之间基于一定的技术经济关联，并依据特定的逻辑关系和时空布局关系所客观形成的链条式关联关系形态。

全民健身产业链是指在满足人民群众健身需求的基础上，为引发消费、产生经济效益、带动经济发展，将提供全民健身软硬件产品服务的上、中、下游各方进行串联，包括体育休闲活动、体育竞赛表演活动、体育场馆服务、体育培训与教育、体育产品研发及制造和销售等，最终形成的一个共生共荣的有机体。全民健身产业链有主导产业链、配套产业链和关联产业链之分。依据全民健身的特殊性，以及时代发展的需要，它不是一个单链条，而是一个与科技、文化、教育、健康、养老、旅游等相关行业紧密联系，横向串联、纵向整合的链条网。

国务院在《计划》中首次提出了“统筹建设全民健身产业链”。如何打造全民健身产业链，应基于以下三个方面进行思考。

（1）要对全民健身产业链进行立体构建。立足本地，放眼全国和国际，从时间、空间、行业等角度进行全面思考、宏观把握。通过科学调研，摸清本地区全民健身产业的发展现状、产业链的形成基础和条件以及与相关产业的关系，对形成产业链的重点、难点、突破点进行统筹分析，明确所存在的主要问题和发展机遇，在此基础上开展系列顶层设计。制定本地区全民健身产业链发展战略，并对产业链进行宏观规划和布局，明晰推进产业链发展的相关操作流程、标准和工作方案，从而使各项工作有目标、有步骤、有标准、有计划、有指导地推进。

（2）要整合推进全民健身产业链发展。在立体构建的基础上，依托全民健身覆盖人群广、与其他工作联系紧密等特点，发挥全民健身枢纽和平台作用，抓住关键环节推动产业链的形成和发展。关键环节包括政府主管领导和主要领导，以及关键企业、关键人物、关键项目、关键领域、关键组织等。此外，由于它与文化、教育、卫生、旅游等产业相关度较高，通过发现共同需求、营造共同需求，精准对接需求，形成最佳推动方案来进行大整合，形成合力，共同推进。

（3）在具体产业链工作推进中要动态实施。在全民健身产业链的建设与具体落实工作中，由于受时间、地点、环境、人员、资金等因素影响，会使工作产生新变化。因此，需要灵活、机动处理，细化解决措施，紧紧抓住工作目标，以问题为导向，以需求为核心，因地、因时、因需对工作推进和方案落实进行及时调整。在符合法律法规、道德伦理的前提下，尽最大努力争取效益最大化。

22. 如何建立全民健身生态圈?

生态圈是生物学中的一个概念，是指生物在其环境中生存与发展状态的总和。生态工程学把生态圈分为核心圈（生态核）、内部环境圈（生态基）、外部环境圈（生态库）三个组成部分。

全民健身生态圈是指：以人的全面健康和全民健身事业的健康发展为中心，以全民健身活动、场地、组织为生态核，以全民健身政策、法规、体制、机制、人才、资金、交流等为生态基，以竞技体育、体育产业等系统内部环境和国家或地区的政治、经济、文化、科技、教育、卫生、地理、气候等系统外部环境为生态库，共同构成的全民健身生存与发展状态的总和（见下图）。

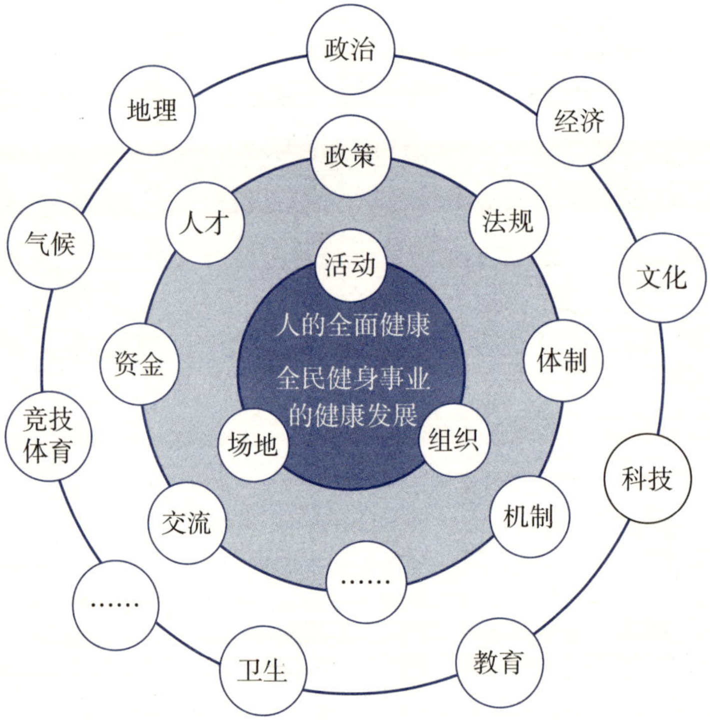

全民健身生态圈示意图

《计划》首次提出统筹建设全民健身生态圈，目的在于全面构建最有利于人的全面健康和全民健身发展的生态系统，促进全民健身稳步、健康、持续、协调发展。建立全民健身生态圈，要从以下三个方面把握。

（1）要立体思考。树立全局意识、多维意识、系统意识、关联意识，通过调研，全面认识和理解全民健身的社会功能、经济功能、文化功能，结合国家发展战略、区域自然地理特征、时代发展要求、经济社会发展状况，以及不同人群、不同阶段的健身需求等各种因素，全方位研究全民健身工作，构建科学、合理、互促共进、充满生机的全民健身发展战略，制定系列工作标准，明确全民健身发展的时间表、路线图和任务书。

（2）*在实践中要整合推进*。充分发挥全民健身的广泛性、普及性、融合性和渗透性特点，以发现、挖掘共同需求和创造共同需求为核心，将全民健身生态核、生态基等内在各因素和生态库外部各因素进行充分大整合，调动一切资源力量形成合力，共同促进人的全面健康发展，共同支持全民健身事业健康发展。

（3）*在实践推进中要动态把握*。结合科技进步和社会发展，围绕人的需求变化，用发展的眼光谋划全民健身工作，及时发现和解决制约全民健身发展的新问题、新矛盾，建立全民健身动态监管和评估机制，因时、因地、因需不断调整全民健身工作方案和机制，丰富发展内涵，完善保障措施，从而为人的全面健康发展创造有利条件，为全民健身事业的健康、持续发展提供支撑。

23. 如何提高全民健身现代治理能力？

中共十八届三中全会通过的《中共中央关于全面深化改革若干重大问题的决定》将“完善和发展中国特色社会主义制度，推进国家治理体系和治理能力现代化”作为全面深化改革的总目标，提高全民健身现代治理能力是推进国家治理能力现代化的组成方面，全民健身治理能力现代化是在国家、社会和市场全方位视域下对全民健身事业发展的全面审视。

全民健身现代治理能力是指运用现代治理思维、现代治理方法和手段推动全民健身改革、完善全民健身制度、强化全民健身服务以有效解决全民健身发展过程中的各种问题、引领全民健身发展目标的实现、使全民健身事业保持可持续发展的能力。全民健身治理能力要随社会的发展进步不断优化提升，提升全民健身现代治理能力，要从以下三个方面入手。

（1）树立全民健身现代治理意识。推进全民健身治理能力现代化，应不断培育现代治理主体、更新治理理念，推动全民健身向科学治体、民主治体、依法治体方向发展。

（2）建立全民健身现代治理体系。①明晰全民健身与体育文化、体育产业和竞技体育之间的关系，即体育文化为导向、全民健身为基础，体育产业和竞技体育为两翼的“一体两翼、协同发展”；②构建以各级政府为主体，与之相对应的各级智库和社会组织为辅助的“杰”字型全民健身治理体系架构，即以国务院为决策层，以国家体育总局和各部委相关部门等为领导层，以省、市、县人民政府和智库、社会组织为执行层，以街道（乡镇）全民健身服务中心、文体中心等为落实层；③随着“十三五”时期全民健身发展的需要，既改革不适应全民健身发展要求的体制机制、法律法规，又不断构建新的体制机制、法律法规，使全民健身各方面制度、机制、政策等更加科学、更加完善，实现全民健身治理现代化、科学化、体系化。

（3）强化全民健身现代治理能力。①抓好人才和科技两个关键点，一方面重视人才、培育人才、发挥关键少数作用；另一方面将先进的科技手段广泛应用于全民健身工作，如开展全民健身理论、模式、技术和相关硬件的科学研究与应用；②充分调动智库和以行业协会为主的社会组织的力量参与决策。

24.《全民健身计划（2016—2020年）》中为什么要使用“每周参加1次及以上体育锻炼的人数”的指标？这一目标是如何测算的？

在衡量体育参与度的指标选取上，以往以“经常参加体育锻炼的人数”（即“体育人口”）作为唯一标准。研究表明，体育锻炼的参与度达到这一标准可以有效增强身体素质、提高健康水平，发挥体育锻炼在增强体质方面的积极作用。但总体来讲，“经常参加体育锻炼”的标准较高，仅用这一个指标不能全面衡量全体国民参加体育锻炼的情况。为此，《计划》中使用了“每周参加1次及以上体育锻炼的人数”这一指标，以丰富体育锻炼参与的评价标准。每周参加1次及以上体育锻炼的人群数量相对较大，且具有参与体育锻炼的持久性，可以认为已经养成体育锻炼的习惯和兴趣，这一人群对于拉动体育消费、促进体育产业的发展具有重要作用。

根据2014年全民健身活动状况调查结果，2014年我国每周参加1次及以上体育锻炼的人数比例接近50%。按照历次全民健身活动状况调查结果此项指标的变化幅度测算，在“十三五”时期，我国每周参加1次及以上体育锻炼的人数比例将基本稳定在50%左右。按照2020年预测的总人口（14～14.5亿），到2020年我国每周参加1次及以上体育锻炼的人数将达到7亿人。

25. 经常参加体育锻炼的评定标准是什么？《全民健身计划（2016—2020年）》中的这一目标是如何测算的？

经常参加体育锻炼是指每周参加体育锻炼频度3次及以上，每次体育锻炼持续时间30分钟及以上，每次体育锻炼的运动强度达到中等及以上。经常参加体育锻炼是一个反映体育锻炼参与度，包含参加锻炼频度、每次持续时间和运动强度三个指标的复合指标，经多方研究证实，达到经常参加体育锻炼的标准对于提高个体的身体素质和健康水平具有明显正相关性。此项指标已连续调查多次，对于评价城乡居民参加体育锻炼的参与度具有重要价值，可以从一个侧面准确有效地反映一个地区的全民健身发展水平，是实施《计划》中建立的综合评价体系的重要指标之一。

根据2014年全民健身活动状况调查结果，2014年我国经常参加体育锻炼的人数比例为33.9%，人数约为3.64亿人。按照《国务院关于加快发展体育产业 促进体育消费的若干意见》中提出的到2025年我国经常参加体育锻炼的人数达到5亿的目标，结合历次调查此项指标的变化幅度测算，在“十三五”时期，我国经常参加体育锻炼的人数比例将在现有基础上略有提升（提升幅度约为2个百分点，约为36%），到2020年我国经常参加体育锻炼的人数将达到4.35亿人。

26. 如何理解全民健身的多元功能？

全民健身覆盖人群广，主动性、渗透性、感染性强，效果快，持续时间长，与百姓生活联系紧密，直接到老百姓身边，而且与教育、文化、卫生、医疗、精神文明、城市环境建设等工作联系密切。

因此，全民健身除具有增强国民体质、提升健康水平的核心功能外，还具有文化、教育、社会、经济等丰富的多元功能。以下仅对其中四个主要功能做简要介绍。

（1）文化功能。一是推广健身、健康新理念和科学健身方法；二是弘扬奥林匹克精神，中华体育精神以及各地区、各民族的体育文化；三是弘扬社会主义核心价值观等社会主义先进文化、中国传统文化，以及人类优秀文明成果；四是通过全民健身优秀人物、先进事迹等传播社会正能量。

（2）教育功能。一是培养广大人民群众重规则、讲诚信、争贡献、乐分享的意识；二是提升青少年体育素养，掌握运动技能、培养锻炼兴趣，养成健康的行为方式，形成终身体育健身的良好习惯。

（3）社会功能。一是引导社会体育组织规范、健康发展，促进社会治理能力的提升；二是构建和完善全民健身公共服务体系，加大健身服务供给，让广大人民群众有获得感，体现共享发展；三是丰富百姓闲暇生活，引导相互友好、文明交往，调节邻里关系，促进家庭和谐、社会稳定、民族团结。

（4）经济功能。随着未来五年全民健身服务供给的不断加大，体育人口增多，百姓消费需求将不断扩大，给全民健身休闲业、用品业、服务业等业态的发展带来新的活力，从而推动体育产业的发展。

27. 全民健身的综合价值主要体现在哪些方面？

发展好、利用好、发挥好全民健身的多元功能，将对党和国家、民族的发展带来巨大的综合价值。

（1）全民健身是体现立党宗旨和展现民生良好形象最快、最直接的途径。全民健身是为全体人民的全面健康服务，是以满足人民群众日益增长的多元化体育健身需求为出发点和落脚点，充分体现了党全心全意为人民服务的宗旨和共享发展的理念。全民健身都在社区、乡村基层，健身场地设施、活动直接到老百姓身边，与老百姓日常生活联系紧密，而且相比文化、教育、卫生等工作而言，投入少、见效快。一旦社区、乡村健身环境改变，百姓将很快有直接的获得感。

（2）全民健身是强化，巩固党的执政基础最快、最佳的切入点。全民健身无论是健身知识、锻炼项目，还是健身活动，都在不知不觉传播公正公平、团结互助、奉献拼搏的精神理念。尤其是在新周期《计划》中，着重强调将体育文化融入到全民健身工作的全过程中，并以喜闻乐见的形式引导百姓形成正确健身、健康理念，弘扬社会正能量，促进和谐家庭、和谐社区、和谐社会。这与党和国家倡导的践行社会主义核心价值观、弘扬优秀传统文化等内容高度一致。可以说，全民健身是一个天然的宣传主流文化的阵地。因此，牢牢把握全民健身这个文化宣传阵地，积极发挥群众体育覆盖人群广等诸多特点和优势，可以为巩固党的执政基础起到巨大的促进作用。

（3）全民健身是拉动内需、推动经济发展最快、最有潜力的动力源。体育锻炼人人需要，已成为人们衣、食、住、行以外的第五生活基本要素。随着经济生活水平的不断提高，人们对健康问题日益关注，健身需求和消费日渐增多，并逐渐呈个性化、多元化、高端化发展。当前，我国经济处在“换档期”，服务业正逐渐占主导，需求结构向以消费拉动为主转变。在其他经济疲软的情况下，以全民健身休闲业、用品业、服务业等构成的全民健身新业态将成为新的经济增长动力源。同时，全民健身与健康、文化、旅游、新闻出版等行业的融合，会引发社会资本的参与，将形成一个巨大市场，从而促进体育产业从一个绿色的朝阳产业向国家支柱产业发展，为整个国民经济和社会发展服务。

（4）全民健身是走向国际、实现强国梦最快、最有力的突破口。当前，全球一体化已成发展共识。全民健身以“尊重、友谊、公平”等文化价值为前提，容易在国际上赢取共识。因此，通过开展全民健身项目、智库、活动、人才等国际交流合作，输出中国理念、中国标准、中国品牌组织和人物，传播中国故事，扩大国际话语权，从而为实现中华民族伟大复兴中国梦提供支撑。

28.《全民健身计划（2016—2020年）》中提出的“体育消费总规模达到1.5万亿”是如何测算的？

体育消费主要包括参与型消费、观赏型消费、实物型消费以及因体育消费而发生的关联性消费（包括健身、参加和观看体育比赛期间产生的吃、住、行、游、购、娱消费等）。体育消费的总规模指上述消费的总额。随着我国经济社会的发展和人民生活水平的提高，人民群众消费需求进一步从温饱向更高的生活品质转变，健康投资观念日益深入人心，人民群众多样化的体育需求日益增长，人们有钱、有闲、有能力、有意愿参加体育锻炼，享受运动体验，追求更加健康、更高品质的生活，体育消费已经成为新的热点。

《计划》明确提出“到2020年，体育消费总规模达到1.5万亿元”。测算依据如下。

测算基础数据表

	2010年	2015年	2020年	2025年	备注
人口（亿人）	13.41	13.67	14.5	14.7	
GDP（万亿元）	39.96	67.67	97	135	
人均GDP（元）	30567	52000	75600	92000	
人均可支配收入（元）	19109	21966	37800	46000	
城镇平均工资（元）	36539	62000	95000	146000	
体育产业增加值（亿元）	2200	4000	9000	17000	
体育产业规模（万亿）			30000	50000	国务院、部门文件
其中体育消费:					
1. 产业增长法（亿元）			13484		按过去5年平均增速15%计
2. 人均收入法（亿元）			16443		按人均可支配收入的3%计
3. GDP构成推算法（亿元）			14550		按GDP总量的1.5%
4. 人均实际消费法（亿元）			16218		20～60岁人均消费1491元
人均体育消费（元）			15173		以上4个结果的算数平均值

注：城镇单位就业人员平均工资按照2010—2014年均增长率计算；体育产业增加值按体育总局估算数据计算。

测算方法具体如下。

（1）产业增长法。近5年全球体育产业增长速度为20%，国家《体育产业“十二五”规划》提出，“十二五”期间体育产业年增长率速为15%，2006—2008年平均增长率为19.5%。到2020年，如果国家重视体育产业发展，体育产业年增长率有望达到20%。按此速度测算，在2012年体育产业增加值3136亿元的基础上，2020年体育产业将达到13484亿元。

（2）人均收入法。按照十八大到2020年我国人均收入比2010年翻一番的目标，2020年我国人均收入将达37800元（考虑价值因素），按中高收入人群体育消费占个人支出3%测算，到2020年，我国14.5亿人口的体育消费将达到16443亿元。

（3）GDP构成推算法。按照十八大确定的两个100年的目标，到2020年GDP比2010年翻一番，按照2010年不变价，2020年GDP将为80万亿元。若考虑价格上涨因素，测算2020年GDP将为97万亿元。按体育消费占GDP的1.5%测算，体育消费为14550亿元。

（4）人均实际消费法。2014年人均体育消费926元，到2020年按10%的年增长率计算，到2020年人均体育消费将达到1491元，按照20～60岁人口占14.5亿人的75%计算，体育消费总额为16218亿元。

综合上述方法取平均值估算，到2020年，我国体育消费规模约为1.5万亿元。

29. 为什么说全民健身是促进体育产业发展的动力源?

全民健身是体育产业发展的基础，人民群众是消费主体，也是消费市场的终端。《计划》中把弘扬体育文化摆在了“任务”的首要位置，通过提倡“人人爱锻炼、会锻炼、勤锻炼”的良好社会风尚，引导广大百姓树立以参与健身和拥有强健体魄为荣的个人发展理念，从而在全社会营造了良好的健身氛围，这将最大程度地扩大消费人群，激发市场需求和活力，为体育产业发展创造基础；通过不断满足健身休闲需求，不断强化和引导发展时尚引领类运动项目，举办丰富多彩的赛事活动，从而推动与全民健身相关的体育健身休闲活动、体育竞赛表演活动、体育场馆服务、体育培训与教育、体育用品及相关产品制造和销售等产业发展；通过全民健身与教育、文化、旅游等行业的融合，在促进教育、文化、旅游发展的同时，带动体育产业的蓬勃发展。总之，全民健身无论是在理念上、内容上，还是在与其他行业的融合发展上，都会为体育产业的发展创造需求，提供消费基础和扩大市场空间，所以说全民健身是促进体育产业发展的动力源。

30. 全民健身事业发展格局中，政府主导、部门协同、全社会共同参与具体是指哪些方面的力量？

政府主导、部门协同、全社会共同参与的“大群体”工作格局是发展全民健身事业的工作机制保障。

（1）政府主导方面的力量。国务院及省、市、县级地方人民政府，具体工作职责可细分为纯粹需要政府履行的职责和可由体育行政主管部门代为履行的职责。

（2）部门协同方面的力量。①中央层面：体育总局与其他发展全民健身事业相关的中央、国务院部委（办、局）的协同，体育总局内部各部门之间的协同，既有机关各职能司局之间的协同，又有各司局与直属单位之间的协同，直属单位又可分成运动项目管理中心和保障服务型中心，运动项目管理中心可再细分为奥运项目管理中心和非奥运项目管理中心；②地方层面：各级体育局与政府其他相关部门的协同，体育局内部各部门之间的协同（机关各职能处室之间、各处室与直属单位之间，同理直属单位可细分类型）。

（3）全社会共同参与方面的力量。主要包括九大方面：①服务全民健身的智库组织；②各级体育总会和单项体育协会；③各级工会、共青团、妇联、残联等社会组织；④各级行业体协、人群体协等“条形”体育组织；⑤各类健身俱乐部和健身团队等“块型”民间体育组织；⑥群众体育科研院所等学术机构；⑦热心全民健身的各界社会人士等“领军人物”；⑧相关企事业单位；⑨相关媒体。

DI SAN PIAN ZHU YAO REN WU

第三篇 主要任务

31. 体育健身对形成健康文明生活方式的作用是什么？

体育健身不仅有利于人的身体健康，也有利于人的心理、道德健康，以及良好社交能力的形成。同时，体育健身具有广泛性、普及性、融合性、渗透性等特点，为百姓所喜闻乐见，最容易走进千家万户，是一项持续性、长周期的运动行为，可以贯穿人的生命全过程，潜移默化地改变个人的价值观念、行为习惯和生活方式，进而改变家庭、社区的环境和氛围，更好、更快地在全社会形成健康文明的生活方式。具体表现如下。

（1）促进人的身体健康，养成健康的生活习惯。体育健身是增强体质、提升健康水平最直接最有效的手段，具有非干预性、可选择性、便利性等特点。人们会根据自己的身体情况和兴趣爱好主动寻找锻炼方法，容易养成习惯，使体育健身成为生活的一部分。同时，为了坚持体育锻炼、追求身体健美，会主动改变饮食、睡眠、起居等生活习惯，革除不良嗜好，逐步形成健康的生活习惯。

（2）促进人的心理健康，养成良好的心态和意志。体育健身可以调节身体机能，影响人的情绪，给人带来愉悦感。如通过健步走能促使脑部释放脑内啡，可以提振精神、产生愉悦心情。同时，在体育健身过程中，通过锻炼可以激发人积极向上的心理，锤炼人持之以恒、追求卓越、突破自我、顽强拼搏的意志和品质。另外，体育健身还具有一定的娱乐性，人们在参与健身运动时，不仅可以释放压力、调整心态，还可以在群体锻炼中敞开心胸，消除孤独感。如通过登山、骑行等户外运动走入大自然，可以开阔人的视野，舒缓紧张心情，释放心理负担，形成开朗豁达的阳光心态。

（3）促进人的道德健康，养成良好的道德意识和文明习惯。在进行体育健身运动的过程中，可以在传授健身知识和技能的同时，通过有意识的教授和引导，培养人们的文明举止和规则意识，传播弘扬奥林匹克精神和中华体育精神，以及社会主义核心价值观；还可以通过互相影响、互相感染，传递仁爱、孝道、谦和等传统道德理念，促使人们不断提升道德修养，养成良好的道德意识和文明习惯。

（4）提升人的社交能力，养成相互尊重、和睦共处的交往习惯。体育健身是一项群体性很强的运动，人们为了共同的兴趣爱好走到一起，有着诸多共同的话题，彼此间容易沟通和交流，更容易相互学习、相互理解、相互尊重，进而能够增进感情、缓解冲突、化解矛盾，促进邻里和谐、社区和谐、社会和谐。

32. 什么是体育健身的全周期和全过程?

体育健身的全周期是从人的生命周期、锻炼时间角度出发，与体育健身相关的所有时间周期的总称，其目的是实现全民健身服务的全面覆盖。体育锻炼贯穿一天（从早到晚）、一年四季及人的一生（从婴儿到老年）等各个时间周期。全民健身工作者应该充分考虑各个时间周期的气候、环境以及各年龄段人的身体特征等多方面因素，全方位研究全民健身工作，因时、因地、因需，有针对性地提供具有不同特征、适应不同人身体阶段的全民健身服务。

体育健身的全过程是从人参与体育健身历程的角度出发，进行体育健身整个过程阶段的总称。体育健身全过程也是开展科学健身指导和健康文明生活方式养成的全过程，包括从不爱锻炼到引发锻炼兴趣，再到科学锻炼、持久锻炼，并依据体质监测与评估，追求健康和健美。

全民健身管理者在服务百姓健身全周期工作中，重视体育健身的全周期和全过程是践行以人为本理念的具体体现。

33. 弘扬体育文化和全民健身的关系是什么?

体育文化可分为广义体育文化和狭义体育文化。广义的体育文化，也称“大体育文化”，包括在体育发展过程中与体育直接相关的文化、间接关联的文化以及以体育为途径融入的文化。狭义的体育文化，是指在体育发展过程中，存在和自身演绎出来的与体育直接相关的一切文化现象与成果，包括深层的精神文化（如体育观念、言论等）、中层的行为文化（如体育管理、宣传、规则等），以及表层的呈现文化（如体育形象标识、场地设施等）。

《计划》中所提到的体育文化指的是“大体育文化”。它主要包括三部分内容：一是体育健身、健康的观念和意识；二是中外体育发展史上优秀的文化现象和成果，其中突出强调了奥林匹克精神和中华体育精神，以及地区和民族的体育文化；三是以社会主义核心价值观为代表的社会主义先进文化、中华传统文化和人类优秀文明成果等。

弘扬体育文化和全民健身相辅相成、互相促进，需要给予足够的重视。主要表现在以下四个方面。

（1）从文化的高度来审视和思考全民健身工作，让全民健身管理者、工作者，以及社会各界人士通过文化认识到全民健身不是简单地锻炼身体，而是有自身的特色、有高度、有深厚的文化内涵。它不仅有工作属性，更有文化属性，要在树立行业自信的同时引发社会对全民健身工作的重视。

（2）用文化引领“十三五”时期各项工作的开展，并将体育文化融入到全民健身各项工作之中，使百姓通过日常锻炼，形成正确的健身和健康意识，使之潜移默化地成为一种常态的生活方式。随着百姓健身意识的不断提升，健身热情不断高涨，参加体育锻炼的人数不断增多，全民健身的基础更加扎实。

（3）发挥体育文化在养成健康文明生活方式、树立社会良好风尚、传播社会正能量、提升人力资源质量等方面的“软”作用，并在全民健身工作和百姓健身活动的过程中，以喜闻乐见的形式促进百姓身心健康全面发展，为和谐家庭、和谐社区、和谐中国、健康中国建设贡献力量。

（4）通过弘扬体育文化，引导全民健身向内涵式发展，改变以往把体育文化与体育场地设施建设、体育组织培育、体育活动开展和体育知识普及等工作环节割裂、区别对待的现象。“十三五”时期强调既重硬件，更重软件，追求软硬同步，整体发展。

34. 如何构建全民健身活动体系？

全民健身活动体系有以下两个方面的含义。

一是顶层设计上的活动体系，是指在增强人民体质、服务人民全面健康的思想指导下，对活动进行全过程、全方位的立体思考和设计，明确活动的指导思想、原则、组织、目标、策略、内容、流程、方法和途径，以及赛事开展的基础条件、标准、规则和要求等，形成一个指导活动开展的标准性文件。它是指导活动开展的工具和抓手，在层级上可以分为国家级、省级、市级和县级的活动体系。

二是结果呈现上的活动体系，是指通过全国各地的全民健身活动的不断开展和落地，最终共同呈现出来的一个层次清晰、类型多样、结构合理、各具特色、覆盖全面的各种活动的有机整体。

全民健身活动体系对全民健身工作的开展具有重要作用和积极意义，可从以下几方面进行构建。

（1）开展立体调研。针对本地区的活动类型、状态、活动目标等进行详细调研，并对活动相关的人、事、物，时间与空间布局，主次顺序，发展趋势等进行立体分析，从而使全民健身工作者对本地区活动发展现状及未来发展态势有一个全面、清晰的认识。

（2）进行顶层设计。将各层级的活动体系与本地区实际进行有机结合，明确本地区的活动目标、任务、内容、标准等，形成一个指导性的标准文件。

（3）制订战略方案。依据顶层设计要求，制订具体的推进方案，明确活动的实施策略以及路线图、时间表、任务书。

（4）做好落实工作。一是按照《计划》提出的“因时因地因需开展群众身边的健身活动，分层分类引导运动项目发展”要求，结合本地区活动体系标准和战略方案的思路、策略等，有计划、有步骤地推进，有针对性地开展工作。二是在推进过程中，不能只依托体育部门，切忌单打独斗，要与文化、教育、科技、卫生、旅游等部门融合，以大群体格局来开展工作。要充分发挥智库在调研分析、方案策划设计、创造性解决问题等方面的作用，依托社会组织以购买服务的方式开展工作，政府做好引导、平台服务、督导评估等工作。三是运用多元评估激励手段，以政策和资金为抓手，以项目的形式推动活动科学、有序开展。同时注重对基层活动和草根组织的培育，在打基础上做文章，形成“百花争艳”的活动发展格局。四是在活动开展中根据实际情况动态调整，随做随总结，在“十三五”末要形成一个立体、丰富、饱满的全民健身活动体系。

35. 如何理解分层分类引导运动项目发展？

我国幅员辽阔，人口众多，区域差距显著，人们进行体育锻炼的项目和方法有不同的需求和选择。“全国人民做一套广播操”的时代早已过去，人们的体育健身需求正在日益多元化。为实现生命全周期、人群全覆盖、健身全过程、健身全天候的目标，扩大经常参加体育锻炼人数，必然要求分层分类引导运动项目的发展，夯实基础，扩大项目人口，达到“人人参与、人人健身、人人快乐、人人健康、人人幸福”的目标。

（1）运动项目的分层分类。要大力发展健身跑、健步走、骑行、登山、徒步、游泳、球类、广场舞等群众喜闻乐见的运动项目，积极培育帆船、击剑、赛车、马术、极限运动、航空等具有消费引领特征的时尚休闲运动项目，扶持推广武术、太极拳、健身气功等民族民俗民间传统和乡村农味农趣的运动项目。

（2）人群的分层分类。要构建从婴儿、青少年、中年、老年生命全周期和妇女、农民、职工、残疾人等各类人群的运动项目发展规划。如针对妇女可以开展广场舞，针对农民可以开展武术，针对职工可以开展工间操活动，针对残疾人开展康健运动。

（3）地域的分层分类。针对东、中、西部不同区域特点，结合当地江河湖海等特色，开展适合的运动项目。如东部沿海可以开展游泳、帆船等，中西部地区可以开展登山、徒步等。

（4）行业的分层分类。根据金融、石油、煤矿、林业、通信等不同行业特点，开展适合职工的运动项目。

36. 社会力量举办全民健身活动的原则是什么？

社会力量举办全民健身活动应遵循以下原则。

（1）政府主导。对社会力量举办全民健身活动，政府要把握政治方向，确保活动安全，对重要事项决策、重要业务活动、大额经费开支、接收大额捐赠、开展涉外活动等要提出意见，并做好宏观管理、政策制定、资源整合分配、工作监督评估和协调跨部门联动等工作。

（2）以人为本。社会力量举办全民健身活动，要以促进百姓全面健康为目的，以满足群众健身需求为导向，贴近百姓生活，注重公平参与，覆盖各类人群，让活动成果惠及更多百姓。

（3）量力而行。社会力量举办全民健身活动，应根据当地社会发展水平和自身的实际情况，开展相应规模的全民健身活动，做到量力而行，节俭办活动，履行社会力量应有的社会责任。

（4）绿色发展。社会力量举办全民健身活动，要与生态文明建设相结合，将绿色发展理念贯穿于活动全过程，通过科学规划、合理布局，高效利用资源能源，使全民健身活动走资源节约、环境友好型发展道路。

37. 网络等新兴活动组织渠道的作用体现在哪些方面？

随着信息时代的到来，互联网逐步成为社会发展和居民生活不可或缺的组成部分。网络时代下，公众通过网络社交媒体、移动终端等媒介发生联系，进行人际交往。随着居民物质生活水平的提高和网络平台技术的不断发展，具有相同兴趣爱好的社会群体间联系得到加强，新兴的自发性网络爱好者组织也因此产生，其中就包括数量庞大的网络体育爱好者组织。因此，网络等新兴活动组织渠道在全民健身发展中的作用尤为重要。具体表现在如下四个方面。

（1）改变体育互动模式。网络作为虚拟空间可以成为人们进行体育互动的场所，这个互动不仅包括观看体育赛事转播及与爱好者在线交流，还可以直接进行电子竞技、棋牌类体育活动与线下体育赛事的组织工作。这就大大延伸了人们原有的体育活动空间，打破了“缘”与“时空”限制，实现了人们在不同时空的互动交流，创造了全新的“线上交流互动+线下参与体育活动”新型模式。

（2）提高体育信息的传播速度。利用网络社区、平台或即时通讯软件（如微信、QQ），可以加快体育组织内部之间及与外部的信息沟通速度，从而使活动组织者具有在短时间内进行活动宣传及组织的能力。

（3）促进活动参与多元化。在网络世界中，社会背景及个人因素的影响力减少，只要有共同的兴趣爱好就可以加入到同一个网络体育组织中。这使得不同社会阶层、不同地区、不同民族、不同年龄的人聚集在一起，从而在促进体育参与人群多元化的同时，体现了体育跨越阶层、跨越族群的精神本质。

（4）强化传统体育社会组织的生存能力。网络体育组织一般不需要固定的办公场所，活动经费大多通过参与者均摊的方式解决。同时，大多数网络体育组织的活动形式多样，成员不仅可以组织体育活动，还可以组织其他形式的交流活动，组织具有很强的适应性和灵活性。因此，传统体育社会组织可以通过网络拓宽发展途径，如在活动组织、人员吸纳、宣传上借用网络渠道，甚至在设立分支机构及下属组织时可以尝试学习网络体育组织的创建模式，从而减少运转成本，降低风险。

38. 如何完善业余体育竞赛体系？

完善业余体育竞赛体系，需要从以下三个方面着手。

（1）明晰业余体育竞赛体系和竞技体育竞赛体系的关系。业余体育竞赛体系和竞技体育竞赛体系都统称为竞赛体系，但从对象、时间、目的和结果相互比较来看，各不相同。竞技体育竞赛主要是以专业运动员为对象，以追求人在体能、速度等方面的极限能力为主要目的，追求的是更高、更快、更强。而业余体育竞赛主要是以业余选手为对象，在保留竞技体育竞赛的组织形式、比赛手段和体育精神的基础上，以促进人的全面健康和娱乐、休闲为主要目的，追求的是更健康、更快乐、更和谐。因此，两者虽同属于竞赛体系，但有着本质的区别。

（2）围绕业余体育竞赛的目的和对象，建立业余体育竞赛的理念体系、管理运营体系以及形象体系。①针对当前业余体育竞赛发展环境和未来发展态势，在全民健身“杰”字型治理体系架构的基础上，构建业余体育竞赛理念体系，明确业余竞赛的定位、战略、目标、策略和发展模式。②针对当前各类业余体育竞赛，从人、事、物、时等角度进行立体的全面梳理，构建业余体育竞赛管理运营体系，明确业余体育竞赛的管理架构和运营机制，确立业余体育竞赛的类型、层级和范围，根据各区域、各行业、各民族、各类人群的不同需求，形成类型多样、服务多元、发展有序的业余体育竞赛发展格局。③针对当前业余体育竞赛形象不突出、标准不统一、水平参差不齐的发展现状，构建业余体育竞赛形象体系，明确业余体育竞赛的标识、宣传用语、服装、环境等标准，使全国既有统一的主体形象标识，又有根据各省、市、县特点的地方形象标识。

（3）紧紧抓住以健康为导向的业余体育竞赛特点，大力开展宣传和推广工作。总结业余体育竞赛的经验和成果，明确以健康为导向的宣传目标、策略和推广路径，在全社会营造出人人参与的业余体育竞赛氛围。

39. 为什么要鼓励举办不同层次和类型的全民健身运动会?

不同层次和类型的全民健身运动会是业余体育竞赛体系的主要组成部分，是实现全民健康的重要途径和抓手，也是推动全民健身事业发展的现实需要。

（1）有利于满足最广大人民群众的健身需求。不同层次、不同类型的全民健身运动会可以满足最广大人民群众体育健身需求，调动他们体育健身的热情。一方面，我国是一个民族和文化多样性国家，全民健身运动会的多样性可极大地调动各族人民参与身体锻炼的积极性，增强社会凝聚力。另一方面，针对各地区老年人、妇女、儿童、残疾人和各行业群体对体育的不同需求，不同层次和类型的全民健身运动会既能体现以人为本的理念，又能增强全民健身运动会的丰富性、趣味性和聚合性。

（2）有利于引导各地因地制宜开展健身活动。我国幅员辽阔，东、中、西部经济发展差异性较大，各地根据自身经济发展基础和群众体育发展需要，举办不同层次和类型的全民健身运动会，不搞一刀切，更能体现各地特点，彰显优势和特色。

（3）有利于充分调动社会力量参与全民健身。举办不同层次和类型的全民健身运动会，可最大范围调动各种社会力量参与进来，增强全民健身发展活力，促进全民健身事业可持续发展。

（4）有利于全面系统展示全民健身发展成果。举办不同层次和类型的全民健身运动会，可以最大程度地展示全民健身的发展成果，促进更多运动项目的发展，扩大全民健身的影响力。

40. 如何打造具有区域特色、行业特点、影响力大、可持续性强的品牌赛事活动?

《计划》提出："支持各地、各行业结合地域文化、农耕文化、旅游休闲等资源，打造具有区域特色、行业特点、影响力大、可持续性强的品牌赛事活动。"打造全民健身品牌赛事活动，应从以下几个方面着手进行。

（1）把握赛事活动特性。与竞技体育赛事活动强调专业性、追求"更高、更快、更强"和突破身体极限等价值取向不同，全民健身赛事活动是以促进人的全面健康为价值取向，更强调群众的广泛参与性和娱乐性，更强调人们在观看和参与赛事活动过程中的快乐体验，其目的在于影响和带动更多的人参与身体活动，养成爱锻炼、勤锻炼、科学健身的习惯。打造全民健身品牌赛事活动，首先要把竞技体育赛事活动与全民健身赛事活动区别开来，准确理解和把握全民健身赛事活动的特性，不过于强调专业性，不以运动成绩和胜负为价值取向，避免以竞技体育的思维来组织开展全民健身赛事活动。只有准确把握并充分体现全民健身赛事活动的特性，才能把更多的人吸引到赛事活动中来，才能具备打造全民健身品牌赛事活动的价值基础。

（2）借鉴先进经验。一项活动是否能形成品牌，关键取决于它的知名度、美誉度、忠诚度；是否能持久，关键取决于是否能够持久抓住最大范围的人群，满足最广大人群的需求，并得到他们持久的关注、认可和赞誉。打造全民健身品牌赛事活动，要学习借鉴品牌活动运营的先进经验，并吸收竞技体育品牌赛事活动的成功做法，围绕最广大人群的需求，在活动的知名度、美誉度、忠诚度上做文章。一项全民健身赛事活动一旦拥有了知名度、美誉度、忠诚度，自然会成为品牌赛事活动。

（3）抓住四个关键。一是抓特色，将地域特色文化、人文资源、民间习俗、行业特点等融入赛事活动，推出具有鲜明特色和文化魅力的全民健身赛事活动。二是抓内容，充分利用当地特有的地形地貌，如独特的山体、森林、江河湖海等，策划和组织实施全民健身赛事活动，增强赛事活动的丰富性、体验性和观赏性。三是抓协同，将全民健身赛事活动与文化、教育、旅游等工作结合起来，充分调动本地各相关部门的力量，有效配合活动组织和开展。四是抓宣传，通过广播、电视、网站、App等各种媒介渠道，加大赛事活动的宣传力度，扩大知名度和影响力，让更多的人知晓、关注并参与到赛事活动中。

（4）做好两项工作。全民健身品牌赛事活动，需要发挥社会、市场的主体作用。一是政府要出台有利于形成品牌、具有吸引力的引导政策，吸引最有战略思维和创意的专业智库、最有赛事运作能力的协会和社会组织、最有实力和眼光的投资方、最有影响力和带动力的名人，共同参与到全民健身品牌赛事活动中来。二是政府要搭建服务平台，做好服务工作，提升服务能力，并主动承担起所有靠社会力量无法完成的各种工作。

（5）增强政府公信力。全民健身品牌赛事活动的影响力和持续性，在很大程度上取决于政府的公信力和信誉度，取决于政府是否能坚持依法办事、依法行政。只有牢固树立法治意识，保持政策的连贯性和延续性，做到取信于民、取信于社会，才能持续调动全社会支持、参与赛事活动的积极性，为打造全民健身品牌赛事活动提供稳定、持久的保障。

41. 哪些人可以称为健身骨干?

健身骨干，是指在健身方面有一技之长，能够经常带领并组织喜爱健身的群众定期健身，能协助体育主管部门组织管理健身群众的领头人。

社会体育指导员作为民间健身的领军示范人物，他们是全民健身的宣传者、科学健身的指导者、群众健身活动的组织者、体育场地设施的维护者、健康生活方式的引领者，是当之无愧的全民健身骨干中坚力量。社会体育指导员根在基层，活跃在街头巷尾，社会认知度逐年增加。截至2015年底，全国登记注册的社会体育指导员达到近200万。这个数字，随着全民健身工作的深入开展，还在不断增长。

此外，广大优秀运动员、教练员、职业社会体育指导员、体育科技工作者和体育教师、体育专业学生等和其他积极投身全民健身志愿服务的人群，也是全民健身工作的骨干力量。

42. 体育社会组织改革的目标是什么?

按照社会组织改革发展的总体要求，结合开展全民健身工作的需要，体育社会组织改革的目标具体如下。

一是贯彻落实《关于改革社会组织管理制度促进社会组织健康有序发展的意见》《行业协会商会与行政机关脱钩总体方案》，实现体育协会与体育行政部门脱钩，成为政社分开、权责明确、依法自治的独立法人组织。

二是引导体育社会组织自我约束、自我管理，实现体育社会组织社会化、法治化、高效化、品牌化发展，提高体育社会组织承接全民健身服务的能力和质量。

三是引导草根、网络等新兴体育社会组织依法、依规登记，促进科学、规范、健康发展。

四是加强各级各类体育社会组织的建设，重点培育发展在基层开展体育活动的城乡社区服务类社会组织，通过加大项目供给，以购买服务的方式进行培育和扶持，形成架构清晰、类型多样、服务多元、竞争有序的现代体育社会组织发展新局面。

43. 体育社会组织改革取得了哪些进展？下一步的工作如何开展?

2012年以来，随着我国加快转变政府职能、创新社会治理体制、优化社会组织政策环境，社会组织改革步伐明显加快。在此大背景下，体育社会组织的改革也积极推进，并取得了一些进展，具体表现如下。

（1）政社分开稳步推进。2015年3月16日，国务院办公厅印发《关于中国足球改革发展总体方案的通知》，提出“按照政社分开、权责明确、依法自治的原则调整组建中国足球协会”。2015年8月7日，国务院足球改革发展部际联席会议办公室印发《中国足球协会调整改革方案》，明确了“中国足球协会与体育总局脱钩，在内部机构设置、工作计划制定、财务和薪酬管理、人事管理、国际专业交流等方面拥有自主权”。这是我国体育社会组织改革与发展史上具有里程碑意义的事件。其他地方省份在推进体育社会组织“政社分开”方面也进行了积极探索，国家体育总局也在江苏、江西、宁夏、新疆4个省份开展了体育社会组织试点工作。这些试点改革力度大，允许突破现行制度进行尝试，取得了积极进展。

（2）突破“一业一会”格局。2012年，广东省通过批准成立了“广东省五人制足球协会”，开始引入竞争机制，探索“一地一业一会”组织形式。通过保持良性竞争，增强体育社会组织内在活力，使其真正成为提供公共体育服务、反映体育诉求、规范体育行为的主体。广州等地也出台政策支持“一地一业一会”，突破“一业一会”的格局，极大激发了广东体育社会组织的活力，社会力量参与体育发展的积极性显著提高，竞争态势初步形成。

（3）政府购买体育公共服务。许多省份体育部门注重培育提高体育社会组织的能力，把一些规模和影响较大的群体赛事或活动通过购买服务方式委托体育社团承办。如上海市农民体协承办了市农运会。

下一步要继续深化体育社会组织改革，促进体育社会组织建设法制化和规范化，加快形成政社分开、权责明确、依法自治的现代社会组织体制，增强体育社会组织自治功能，激发体育社会组织活力，提升体育治理中的主体地位。着重从以下几方面开展工作。一是做好体育社会组织改革发展的顶层设计。二是统筹解决体育社会组织发展中的主要问题，包括明确体育社会组织定位，探索新形势下的监管模式，优化发展环境，深化社会组织登记制度改革；引入市场机制，加快推进政社分开，探索“一业多会”，建立退出机制；加强自律，围绕强化自治功能、完善法人治理结构、建立诚信体系等方面发展体育社会组织。三是探索营造公平竞争环境。

44. 如何提高体育社会组织承接全民健身服务的能力和质量？

体育社会组织作为公益性社会组织，所具有的能力决定了承接全民健身公共服务的水平质量。国际经验表明，提升社会组织能力是通过强化能力建设实现的。社会组织能力建设，是指根据其宗旨与目标及所处的环境，在不间断的学习和经验积累中，对个人、群体和组织不断进行的，旨在提高个人、群体和整个机构解决问题、实现目标、满足发展需求和机构可持续发展所需要的综合能力的培育过程。加强能力建设是社会组织自身发展的内在要求，是社会组织服务之基础、自立之根本。我国体育社会组织能否充满活力、健康地发展起来，从根本上还要取决于其自身的素质和能力。因此，促进体育社会组织的能力建设问题成为其发展的关键。当前在政府“转身”与社会“承接”的过程中，相当数量的体育社会组织还不具备“接盘”的能力，表现在专业素质不够高，内部治理不健全，政社不分、独立运作能力较弱，筹集和整合社会资源能力不强等方面。“打铁还得自身硬”，体育社会组织要想成为承接全民健身公共服务的重要主体，首先要明白“工欲善其事，必先利其器”的道理，其次要清楚从哪些方面入手加强能力建设。加强能力建设的重点是推动围绕章程为核心的法人治理结构，加强自身的能力，提高自身发挥作用的素质的提高。当前推进体育社会组织能力建设需要加强以下方面的工作。

（1）加强服务能力建设。体育社会组织的生命力最突出地体现在组织行动或服务的能力方面，组织的能力越强，效率越高，效果越好，其影响力就越大，所获得的公信度也越高。提升专业服务能力是体育社会组织承接全民建设公共服务的首要任务。体育社会组织只有通过加强能力建设，提高自身优质高效的专业服务质量，才能谋得自身的生存和发展。

（2）强化自身治理和自我发展能力。按照现代社会组织体制要求，围绕强化自治功能，推动完善社会组织法人治理结构和民主机制，依法按照章程开展活动，加强诚信自律建设，提高诚信度和公信力，不断提高社会组织的自身建设水平。

（3）增强创新发展能力。社会组织自身所拥有的资源有限，而成为全民健身治理的重要主体，成为承接全民健身公共服务的重要力量，就要通过自主创新增强发展动力。

（4）培养社会互动的能力。体育社会组织不是在孤立的状态下发展的，它只是许许多多“利益相关者”中的一个，更好地发挥作用或获取更多资源就必须具备与社会各方面建立联系与合作的能力，这就是社会互动能力。这种互动包括与政府、企业、社区、捐款者、其他社会组织、合作伙伴、大众传媒等的联系与合作的关系。社会的支持对于体育社会组织十分重要。因此善于建立和处理各种关系也是衡量体育社会组织能力的重要指标。

45. 如何发挥全国性体育社会组织在开展全民健身活动、提供专业指导服务等方面的龙头示范作用？

目前我国正处于深化改革的关键期，国家治理体系和治理能力现代化建设的提出为体育社会组织的发展提供了机遇，体育社会组织将成为体育治理的主体。随着体育社会组织的进一步发展，体育社会组织在开展全民健身活动的作用更加凸显。全国性体育社会组织是推动群众体育事业发展的重要龙头组织，担负着全民健身的重大示范和引领的职责。确定体育社会组织在全民健身事业和提供专业指导服务中的主体地位，特别是确立全国性体育社会组织的龙头和示范作用，对于我国全民健身事业的开展，具有重要意义。具体体现在以下几个方面。

（1）发挥引领作用。全国性体育社会组织在群众体育活动中，要充分发挥其权威性，从宏观角度出发，对地方体育社会组织进行正确引导，积极贯彻执行国家层面体育工作方针、政策。

（2）整合优质资源。全国性体育社会组织由于其自身特性和所处位置，有些甚至可以直接参与体育政府部门政策的决策，以最快的速度和最直接的方式获得一定的资金和技术支持，因此可以通过合理的资源整合，在提高自身专业水平和服务质量的同时，更好地开展全民健身活动和提供专业指导服务。

（3）提供专业指导。全国性体育社会组织能准确了解社会各阶层群体对体育运动和健身活动的不同需求，为其成员和社会提供相应的体育资源，开展体育知识普及、体育技能教授、体育健身指导等。大力推动社会体育指导员的发展，更好地提供体育专业服务，从人力、物力、财力、信息等方面推动群众体育发展。

（4）发挥智库功能。全国性体育社会组织对全民健身活动的开展具有思想智库的功能，利用其自身优势积极与各级体育政府部门沟通协调，为政府关于群众体育事业的宏观决策与微观政策提供必要的理论支持和事实依据，成为体育政府部门与民众之间相互沟通、协调和融合的最有利桥梁。

（5）树立公益形象。全国性体育社会组织要通过对志愿精神、非营利性的深入践行，宣传、组织并吸引民众积极主动地参与丰富多彩的体育公益活动，引领和推动全国各地体育类公益活动开展。

46. 如何认识枢纽型体育社会组织？

枢纽型社会组织是指由政府有关部门认定，在对同类别、同性质、同领域社会组织的发展、服务、管理工作中，在政治上发挥桥梁纽带作用、在业务上处于龙头地位、在管理上承担业务主管职能的联合性社会组织。这一定义强调了枢纽型社会组织的合法性和权威性，以及枢纽型社会组织的管理、指导和服务功能。其主要具有以下特性。一是代表性。一个组织能够成为枢纽型社会组织，它首先具备对同类组织的代表力。二是服务性。服务是枢纽型社会组织的基本职能，也只有具备良好的服务能力，其他社会组织才能够围绕在枢纽型社会组织周围。三是整合性。枢纽型社会组织具有较强的资源整合分配能力。四是示范性。枢纽型社会组织可以通过典型示范作用引导其他社会组织共同发展。

枢纽型社会组织所拥有的特性使其具有以下功能。首先是联系服务功能。枢纽型社会组织具备聚合联系同类社会组织，并为其提供服务的功能。其次是资源支撑功能。枢纽型社会组织能够利用所拥有的资源优势，为其他社会组织提供资源支撑。再次是沟通反映功能。枢纽型社会组织作为代表性组织，能够代表特定社会组织群，加强与政府、其他组织等主体之间的沟通协调，反映情况、表达诉求。

目前，具有枢纽型体育社会组织特征主要有以下三种组织类型。

一是各级体育总会。体育总会作为联合性社会组织，主要是通过示范、引导和服务带动各级各类单项、行业和人群体育组织开展全民健身活动。

二是全国性体育单项协会。全国性单项体育协会具备枢纽型社会组织特征功能，作为具有广泛代表性、专业性和权威性的运动项目领域的社团法人，是管理运动项目普及与提高的全国性自律机构，主要负责团结联系全国的运动项目的组织及个人的力量，推广项目，制定行业标准，发展完善运动项目竞赛体系，同时也是代表中国参加国际体育单项组织的唯一合法机构。通过积极发挥全国性体育社会组织在开展全民健身活动、提供专业指导服务等方面的龙头示范作用，普及开展活动。

三是街道及乡镇层面的体育联合会或社区服务中心等。全民健身活动主体在基层，组织基础亦在基层，但绝大多数由健身者自发成立的健身组织能力普遍较弱，缺乏指导，自身合法权益亦难以保障。而基层枢纽型体育社会组织能够通过组织化、制度化的表达方式协调不同健身群体利益，推动公众健身活动行为规范有序，反映健身人群相关利益诉求，参与社会治理。为此，政府应当重视培育具有枢纽作用的联合性社团或者依托街道、乡镇文化体育组织发起成立体育总会，为辖区范围内的体育健身组织提供统筹、引领、反映诉求和维护权益等服务。

上述三类枢纽型体育社会组织的发挥枢纽功能的方式亦有所不同。体育总会主要是按照“属人”的方式发挥枢纽作用，即对于人们发起举办的各类体育社会组织提供枢纽服务。全国性体育单项协会主要是按照“属业”的方式进行枢纽管理，即按照项目业务与相关体育社会组织建立关系。街道及乡镇体育联合会或社区服务中心等则更多地体现为“属地化”“基层化”的管理特征，即仅对街道或乡镇行政区划内的体育社会组织进行枢纽管理。

另外，政府或体育部门在支持枢纽型社会组织发挥作用的同时，一定要加强事中事后监管，建立枢纽型体育社会组织的第三方评估机制，建立信息公开及社会监督举报受理机制，促进枢纽型体育社会组织组织加强行为自律，提高服务水平。

47. 为什么要重点培育发展在基层开展体育活动的城乡社区服务类社会组织?

城乡社区服务类社会组织，是指面向城乡社区，为满足社区居民生活的多样化需求、促进社区和谐发展，以提供、开展或参与公共服务、志愿服务、便民利民服务为主要内容的社会组织，涵盖整个社区服务业。当前体育类城乡社区服务类社会组织包括：各种公益性体育社团、社区健身俱乐部、体育活动中心、青少年体育俱乐部等。

城乡社区服务类社会组织数量多、规模大。实现增强人民体质的根本目标任务，无论是广泛开展体育健身活动，还是增加经常参加体育锻炼人口，主体和载体都在基层，而所有的基础工作都要从社区做起。为此，必须发动社会力量，实现多元共治，其中的重大举措之一就是重点培育、大力发展扎根基层开展体育健身服务的城乡社区服务类社会组织。

城乡社区服务类社会组织植根基层社区，贴近居民，需求与供给无缝对接，能够快速、有效、直接地提供各类服务。不断增进人民福祉的关键点和着力点在基层，基层社区服务水平的高低与居民群众的生活质量休戚相关，直接关系到居民群众对全面建成小康社会战略进程的感受和认同。推进基层社区建设，把基础平台搭好了，把基层基础夯实了，对于实现全面建成小康社会战略目标具有特殊意义。从这个意义上讲，需要重点培育发展在基层开展体育活动的城乡社区服务类社会组织。

48. 为什么要鼓励基层文化体育组织依法依规进行登记？

基层文化体育组织依法依规进行登记的主要目的是为了依法保障其合法权益、规范行为，引导其更好地发挥作用。基层文化体育组织形式繁杂，既包括事业单位性质的街道文化活动中心或乡镇文体工作站，也包括居民自愿发起成立或社会力量举办的体育社团或健身服务机构；既有民政登记或工商登记的法人类组织，更多的是待登记或备案登记的草根体育组织。其特点是依托城乡社区，数量庞大、活动环境条件差异大，服务对象及其需求多样，出现矛盾争端的几率较高，同时普遍存在监管难以到位、缺乏活动场所、缺少资金、扶持不够等问题。面对这样一类作用重要但又处于弱势地位的体育社会组织，通过法律手段加强保护和监管是十分必要的。

同时，对社会组织实行民政登记亦是我国社会组织管理的一项重要的基本制度，其必要性和作用主要体现在以下方面。

（1）有利于建立社会组织合法性。社会组织依法依规进行登记后，方能开展活动。民政登记是我国社会组织登记的正式形式，确立这一资格有利于社会认同其非营利身份，从而建立社会合法性和便于活动的开展。

我国相关行政法规明确规定：未经登记的组织，擅自以社会团体或者民办非企业单位名义进行活动的属于非法民间组织。

（2）登记是基层文化体育社会组织承接政府购买服务的必备条件。我国《政府采购法》等相关法律都对此做出了明确规定。如财政部、民政部、工商总局印发的《政府购买服务办法（暂行）》关于承接主体应当具备的条件规定：依法设立，具有独立承担民事责任的能力。近年来，各地政府推进的政府购买社会组织服务，都明确要求服务供应方是民政注册社会组织。

（3）有利于获得减免税资格。民政注册的公益组织可享受企业所得税和营业税等税收优惠，在企业所得税方面，财政部、国家税务总局印发的《关于非营利组织企业所得税免税收入问题的通知》和《关于非营利组织免税资格认定管理有关问题的通知》规定，符合条件的非营利组织的捐赠收入、财政拨款以外的其他政府补助收入和会费等收入免征企业所得税。水、电等实施价格双轨制的产品，对民政登记社会组织按照民用价格标准执行。

（4）有利于接受社会捐赠、资助。民政登记的体育社会组织可以向财税部门申领捐赠票据和公益捐赠税前扣除资格，这样可以有效地维护捐赠方的利益。根据《企业所得税法》《个人所得税法》《财政部、国家税务总局、民政部关于公益性捐赠税前扣除有关问题的通知》的规定，公益性社会团体（也包括民非）可以向政府申请公益捐赠税前扣除资格，个人、企业对其的捐赠支出可以在所得税税前扣除。民政登记有利于社会组织向基金会等慈善组织申请项目资助。当前大多数公募基金会对需要资助的机构的资质要求必须是民政注册的。

（5）有利于吸引更多志愿者加入全民健身服务工作。组织的公益属性更有利于吸引志愿者的全身心投入，公益性社会团体是法定的以非营利为目的、从事公益事业的社会组织，与志愿者的志愿性、无偿性和公益性是一致的，双方在共同宗旨下有更多合作可能。

49. 如何建立和完善全民健身设施网络？

《计划》提出："推动公共体育设施建设，着力构建县（市、区）、乡镇（街道）、行政村（社区）三级群众身边的全民健身设施网络。"

各地应围绕百姓健身需求，结合当地经济发展水平及地理、气候等自然条件，因地制宜开展全民健身场地设施建设工作。首先要做好场地设施建设的需求调研，结合现实环境，将体育健身设施、体育文化设施一起考虑，按照《计划》要求统筹规划、分步实施，形成布局科学、结构合理、覆盖全面的全民健身设施网络。

在行政村（社区）层面，将国家鼓励支持的各类健身场地设施与中国传统的相关健身项目、百姓日常生活化的健身项目所需要的场地设施进行有机结合，充分利用公共绿地、广场、楼宇、公园、废旧和闲置场地等，改建和扩建小型多样的健身场地设施，让百姓身边有场地、随时可健身。有条件的行政村（社区），可创建体育生活化村（社区）。

在乡镇（街道）层面，重点建设一批多功能健身场地，并以健康为主题，整合基层宣传、卫生计生、文化、教育、民政、养老、残联、旅游等部门相关工作，探索建设健康促进服务中心。有条件的乡镇（街道），可创建体育生活化乡镇（街道）。

在县（市、区）层面，重点建设县级公共体育场和县级全民健身中心，并结合城区道路、公路沿线、河流湖泊沿岸等规划建设群众骑行和徒步绿道等健身场地设施。同时，鼓励学校等企事业单位健身场地设施向社会开放。有条件的县（市、区），可创建体育特色城市。

另外，在推进场地设施建设的同时，还要充分考虑与其相配套的文化宣传、科学健身指导、活动组织等软件建设，加强场地设施管理维护工作，使其充分发挥作用。

50. 如何推进城市社区“15分钟健身圈”建设？

“15分钟健身圈”是指在城市社区，居民从居住地步行不超过15分钟范围内，有可供开展健步走、广场舞、球类运动等群众性健身活动的场地设施。《关于加快发展体育产业　促进体育消费的若干意见》《体育发展“十三五”规划》等文件均提出了推进建设城市社区“15分钟健身圈”。“15分钟健身圈”方便群众就近就便健身，充分体现了以人为本的理念。

推进城市社区“15分钟健身圈”建设，是“十三五”期间城市社区健身场地设施建设的主要任务。各地应围绕这一任务加强规划，扩大增量、盘活存量。具体措施包括：

（1）新建居住区和社区要严格落实按“室内人均建筑面积不低于0.1平方米或室外人均用地不低于0.3平方米”标准配建全民健身设施的要求，确保与住宅区主体工程同步设计、同步施工、同步验收、同步投入使用，不得挪用或侵占。

（2）老城区与已建成居住区无全民健身场地设施或现有场地设施未达到规划建设指标要求的，要因地制宜配建全民健身场地设施。

（3）对社区周边的旧厂房、仓库、老旧商业设施等进行改造，用于体育健身。

（4）推进社区周边学校等企事业单位所属体育设施向社区开放。

（5）积极创建体育生活化社区，为百姓提供更便捷、更多样、更贴近生活的健身场地设施。

（6）推广拆装式游泳池、笼式足球场、三人制篮球场等新型场地设施，并合理利用郊野公园、城市公园、公共绿地及城市空置场所等建设群众体育设施。

51. 人均体育场地面积的标准和发展目标是什么？

人均体育场地面积，是指体育场地面积的人均占有量，以“平方米/人”表示。体育场地除包括体育系统本身的体育场地外，还包含教育、铁路、军队、社会各行业所管理的体育场地，以及由各级人民政府和基层群众性自治组织直接或代为管理的体育场地；既含室内体育场地，也含室外体育场地。体育场地面积除用于体育比赛、健身活动的场地面积外，还包括必要的安全区、缓冲区、无障碍区的场地面积。在计算人均体育场地面积时，所依据的人口数量通常是指辖区内常住人口数量。第六次全国体育场地普查结果显示，截至2013年底，我国人均体育场地面积为1.46平方米。《计划》提出，到2020年，人均体育场地面积达到1.8平方米。《关于加快发展体育产业 促进体育消费的若干意见》提出，到2025年，人均体育场地面积要达到2.0平方米。《“健康中国2030”规划纲要》中提出，到2030年，人均体育场地面积将达到2.3平方米以上。

52. 县级体育场的建设标准是什么？

县级体育场是指在县级行政区域建设的，可举办大型群众性体育比赛和健身活动的体育场地，主要包括标准400米田径跑道和标准足球场地，不设或设置少量固定看台，具体的建设内容如下。

（1）标准田径跑道周长为400米，环形跑道8条，直跑道8～10条；

（2）标准足球场地为105 米×68 米，为便于开展群众性和青少年足球运动，可以将标准足球场划分为两个小足球场使用；

（3）县级体育场可不设固定看台，如确需设置看台，可设单侧看台（固定座席不超过2000个）；

（4）如果用地条件允许，可以增加运动项目种类和场地面积。

“十三五”期间，国家发展和改革委员会将利用中央预算内投资，对尚无公共体育场的县（市、区）建设县级公共体育场给予补助。

53. 全民健身中心的建设与管理要求是什么?

全民健身中心指由政府或社会力量投资兴建，以服务大众体育健身为主要任务，不设固定看台，综合性、多功能、室内室外体育设施相结合，以室内体育设施为主的公共体育设施。

为指导和规范各地的全民健身中心建设及管理，国家体育总局正在制定《全民健身活动中心分类配置要求》和《全民健身活动中心管理服务要求》两项国家标准，并于2016年7月颁布了《县级全民健身中心项目实施办法》，对国家体育总局本级体育彩票公益金支持新建“县级全民健身中心”项目的申报、审核、实施与监管进行了规定。

体育总局会同国家发展和改革委员会在“十三五”期间支持全民健身中心建设。体育总局利用本级体育彩票公益金支持建设的县级全民健身中心应符合“4+X”。其中，“4”是指必备的4种室内功能用房，包括大空间球类项目用房、乒乓球用房、体能训练用房和体质检测用房；“X”是指根据当地需求选配的室内功能用房。国家发展改革委员会中央预算内投资支持建设的全民健身中心项目为采用PPP、公建民营等方式建设的全民健身中心。

54. 社区多功能运动场主要包括哪些设施?

社区多功能运动场是指利用城市社区空间建设的符合不同人群需求的室外健身场地设施，包括笼式球类场地、轮滑（滑板）场地、健身路径、健身步道、健身广场、拼装式游泳池等体育健身场地设施。各地可结合当地实际，针对群众体育健身需求选择具体建设项目。为指导各地的社区多功能运动场建设，国家体育总局正在制定《城市社区多功能公共运动场配置要求》国家标准。“十三五”期间国家体育总局支持建设的社区多功能运动场包括笼式球类场地项目、拼装式游泳池项目和多功能健身场地项目三大类。

55. 如何理解体育健身在基层综合性文化服务中心建设中的作用？

党的十八届三中全会明确提出“建设综合性文化服务中心”的改革任务。国务院办公厅于2015年10月印发的《关于推进基层综合性文化服务中心建设的指导意见》（简称《意见》）中明确提出，基层综合性文化服务中心是指乡镇（街道）和村（社区）建成的集宣传文化、党员教育、科学普及、普法教育、体育健身等功能于一体，资源充足、设备齐全、服务规范、保障有力、群众满意度较高的基层综合性公共文化设施和场所。体育是构建现代公共文化服务体系的重要内容，体育总局也是国家公共文化服务体系建设协调组的成员单位，《意见》中对基层体育工作提出了很多要求，指明了体育健身是基层综合性文化服务中心的一项重要功能，体育场地设施和体育健身服务也是建设基层综合性文化服务中心的重要指标。文化部制定的《贯彻落实〈国务院办公厅关于推进基层综合性文化服务中心建设的指导意见〉分工方案》中的35项工作任务，体育总局牵头或参与的有28项，由此可见体育工作在建设基层综合性文化服务中心中的重要作用。

56. 农民体育健身工程的建设标准及下一步的建设思路是什么？

农民体育健身工程，是指通过在农村兴建经济、实用的公共体育场地设施，推动包括体育组织、体育活动在内的农村体育事业全面发展的工程。2006年，国家体育总局会同国家发展和改革委员会、财政部发布了《“十一五”农民体育健身工程建设规划》，正式启动了农民体育健身工程实施工作，以行政村为主要实施对象，基本建设标准为“一场两台”，即1个混凝土标准篮球场，配备1副标准篮球架和2张室外乒乓球台。截至

2015年底，全国已有超过57万个行政村建有农民体育健身工程，占全国行政村总数的90%以上。

“十三五”期间，国家体育总局继续会同财政部支持建设农民体育健身工程，确保“十三五”末农民体育健身工程全覆盖。具体项目分为乡镇农民体育健身工程和行政村农民体育健身工程。其中，乡镇项目要求与乡镇综合文化服务中心（站）的建设相结合，配置1个带看台的灯光篮球场、1片综合健身场地、1处室内健身用房；行政村项目要求配置1块硬质室外健身场地，用于开展篮球、羽毛球、乒乓球、门球、广场舞、武术、太极等体育健身活动。

57. 新建居住区和社区配建标准是从何而来的?

建设部、国土资源部2005年发布了《城市社区体育设施建设用地指标》，其中第六章第四十四条对新建居住区和社区体育设施的配建指标做了进一步说明。该条款指出，城市社区体育设施可根据需要设置在室内或室外，室外用地面积与室内建筑面积控制指标应满足“人均室外用地面积0.30～0.65平方米，人均室内建筑面积0.10～0.26平方米”。《关于加快发展体育产业　促进体育消费的若干意见》强调，“新建居住区和社区要按照相关标准规范配套群众健身相关设施，按室内人均建筑面积不低于0.1平方米或室外人均用地不低于0.3平方米执行，并与住宅区主体工程同步设计、同步施工、同步投入使用”。

58. 为什么要推广多功能、季节性、可移动、可拆卸、绿色环保的健身设施?

各地目前建设的多功能、季节性、可移动、可拆卸的健身设施主要包括笼式球类场地、拼装式游泳池、气膜结构健身馆、篷房装配式健身馆、拼装式滑冰馆、季节性冰雪场地等类型。推广此类体育健身设施主要基于以下考虑：一是此类健身设施占地较小，有利于解决全民健身场地建设用地不足的问题；二是此类健身场地设施经济实用，建设周期短、投资少、见效快，可以多功能转换，提高场地综合利用率；三是此类健身设施更亲民、便民，易于在街道（乡镇）、社区等地推广，满足不同人群多层次的体育健身需求；四是此类健身设施能够有效改善群众的体育健身环境，推动更多人参加体育健身活动，提升各地经常参加体育运动的人口数量，拉动体育健身消费，推动体育产业发展。

59. 合理利用景区、郊野公园、城市公园、公共绿地、广场及城市空置场所建设休闲健身场地设施的出发点是什么?

随着我国经济社会的快速发展，人们消费水平不断提高，消费理念发生改变，越来越多的人参与到户外休闲运动中，对户外休闲运动服务的需求激增。合理利用景区、郊野公园、城市公园、公共绿地等场所建设休闲健身场地设施，是为更好地适应休闲健身时代的来临，满足群众日益增长的对体育健身休闲设施的多元化需求。国务院《关于加快发展体育产业促进体育消费的若干意见》提出，要大力培育健身休闲等体育服务业，发展建设休闲项目，“充分利用郊野公园、城市公园、公共绿地及城市空置场所等建设群众体育设施”。这样，一方面可增加体育健身设施供给，提升体育设施数量，改善体育设施质量；另一方面可实现资源共享、融合发展，有效提高土地综合利用率，缓解城市特别是老城区公共体育用地不足的矛盾。将体育健身设施建设与郊野公园、城市公园、公共绿地、广场及城市空置场所相结合，也是欧美等先进国家一种通行的做法。

60. 全民健身场地设施建设主要有哪些国家标准和行业技术规范?

目前我国全民健身场地设施建设主要标准包括国家标准、行业标准和技术规范，具体如下。

（1）国家标准

标准名	标准号	备注
合成材料跑道面层	GB/T 14833	
天然材料体育场地使用要求及检验方法 第1部分：足球场地天然草面层	GB/T 19995.1	
天然材料体育场地使用要求及检验方法 第2部分：综合体育场馆木地板场地	GB/T 19995.2	
天然材料体育场地使用要求及检验方法 第3部分：运动冰场	GB/T 19995.3	
人工材料体育场地使用要求及检验方法 第2部分：网球场地	GB/T 20033.2	
人工材料体育场地使用要求及检验方法 第3部分：足球场地人造草面层	GB/T 20033.3	
体育场馆公共安全通用要求	GB 22185	
体育场地使用要求及检验方法 第2部分：游泳场地	GB/T 22517.2	
体育场地使用要求及检验方法 第6部分：田径场地	GB/T 22517.6	
拆装式游泳池	GB/T 28935	
游泳池拆装式垫层	GB/T 28939	
体育场馆LED显示屏使用要求及检验方法	GB/T 29458	
室外健身器材的安全　通用要求	GB 19272—2011	
全民健身活动中心分类配置要求	GB/T XXXXX	已报批
全民健身活动中心管理服务要求	GB/T XXXXX	已报批
城市社区多功能公共运动场配置要求	GB/T XXXXX	已报批
公共体育设施　室外健身设施的配置与管理	GB/T XXXXX	已报批
公共体育设施　室外健身设施应用场所的安全要求	GB/T XXXXX	已报批
健身器材和健身场所安全标志和标签	GB/T XXXXX	已报批

（2）行业标准

标准名	标准号
体育建筑设计规范	JGJ 31
游泳池给水排水工程技术规程	CJJ 122
体育场馆声学设计及测量规程	JGJ/T 131
体育场馆照明设计及检测标准	JGJ 153
城市社区体育设施技术要求	JG/T 191
游泳池水质标准	CJ 244
体育照明使用要求及检验方法　第1部分：室外足球场和综合体育场	TY/T 1002.1
体育照明使用要求及检验方法　第2部分：综合体育馆	TY/T 1002.2

（3）技术规范

《体育健身广场配置要求》
《体育公园配置要求》
《户外体育活动营地配置要求》
《县级公共体育场配置要求》
《农村室外健身设施建设要求》
《乡镇室外健身设施建设要求》
《登山健身步道配置要求》
《健走步道配置要求》
《室外健身器材连接件与地埋件的技术要求》

61. 什么是全民健身新业态？为什么要提出发展全民健身新业态？

新业态是一个产业概念，通常指基于不同产业间的组合、企业内外部价值链和产业环节的分化与融合、行业跨界整合以及嫁接互联网技术等所形成的新型企业、商业乃至产业的组织形态。

全民健身新业态是指全民健身整个行业发展的新状态和未来发展的新态势。

随着时代的发展、科技的进步，人们的观念意识、生活方式、社会结构、生存环境等都发生了变化，全民健身领域也在变化，未来还将持续发生新变化。主要表现在：人们的健康观念、健身意识以及全民健身管理方式、服务模式、健身场地设施等都发生了很多变化，甚至在某些领域发生了质的改变，同时全民健身工作还连带着竞技体育、体育产业发生改变。2014年，国务院46号文件提出将全民健身上升为国家战略，要求全民健身与竞技体育、体育产业，以及与文化、教育、旅游、卫生等融合发展，尤其突出了体育产业的发展，这是自2014年到现在形成的一种新的发展态势。随着体制机制的改革，这种态势将来还会发生转变，这是提出全民健身新业态概念的出发点。

首先，从科技进步角度看，随着科技研发水平的不断提升、现代信息技术的不断普及和应用，人们的健身兴趣、健身方式都发生了改变，体育健身更加科学，更具趣味性，全民健身的服务能力发生了质的提升。在服务百姓的过程中，全民健身与科技结合，衍生出许多新的体育产业门类、产品、服务平台、盈利模式，如微信运动平台、健身App、智能穿戴、虚拟现实运动体验设备等，使体育产业呈现出一种新的高端化、智能化发展态势。随着科技的不断发展和人们健身需求的不断提升，未来这种态势将会更加凸显。

其次，从改革发展角度看，随着我国改革开放的不断深入、“四个全面”及“五大发展理念”的深入贯彻、大部制改革的推进、经济新常态的影响，全民健身的体制机制以及侧重点发生改变，基层地方体育部门基本与文化、教育、旅游、卫生、新闻出版、广电等领域存在不同程度的合并，客观要求工作模式、人员结构也要发生相应改变。在此状况下，各地纷纷探索体育与其他相关产业融合发展，如体医融合、体旅融合、体商融合、体教融合等，催生出骑行观光、健身疗养等新业态，呈现出一种共生、共融的发展新态势。

再次，从全民健身自身角度看，无论是科技带来的变化，还是改革的影响，人们对健身、健康的认识发生改变，更加追求人的全面健康；体育锻炼的方式发生改变，更加追求个性化、碎片化的健身活动；全民健身的管理方式、服务模式，以及人们的生活方式也在改变，产生了一些新事物和新现象，如广场舞的火热、马拉松的井喷等，导致出现了一些新的正、负面现象。这些新发生和正在发生的各种现象，使全民健身呈现出一种新情况、新事物层出不穷、不断涌现的新态势。

62. 如何扩大与全民健身相关产业中健身休闲产业的规模？

《计划》中提出：“充分发挥全民健身对发展体育产业的推动作用，扩大与全民健身相关的体育健身休闲活动、体育竞赛表演活动、体育场馆服务、体育培训与教育、体育用品及相关产品制造和销售等体育产业规模。”

为了扩大健身休闲产业发展规模，重点采取以下举措：

（1）做好健身休闲产业发展规划。按照国务院办公厅下发的健身休闲产业指导意见，结合各地资源条件，制定健身休闲重点运动项目目录，以户外运动为重点，支持具有消费引领性的健身休闲项目发展，编制冰雪运动、山地户外运动、水上运动、航空运动、汽摩运动等健身休闲运动项目发展规划，科学规划健身休闲项目的空间布局。

（2）加强健身休闲设施建设。完善健身休闲基础设施网络，重点建设一批便民利民的社区健身休闲设施，满足群众健身休闲需求。鼓励和引导旅游景区、旅游度假区、乡村旅游区等根据自身特点，建设特色健身休闲设施。

（3）普及科学健身知识，推广适合公众广泛参与的健身休闲项目。大力发展体育旅游，促进健身休闲与文化、养老、教育、健康、农业、林业等产业的融合发展。推动“互联网+健身休闲”模式，推动健身休闲企业发展壮大，形成健身休闲产业新业态。

（4）改善健身休闲消费环境。通过媒体宣传，引导大众的健身休闲消费理念。开展各类健身休闲活动，激发社会大众健身休闲的消费需求，深挖消费潜力。完善消费引导政策，支持社会大众进行健身休闲消费。

63. 为什么要拓展国际大众体育交流?

拓展国际大众体育交流，不仅是推动我国体育提升发展、转型发展的迫切需要，也是深入落实十八届五中全会提出的开放发展理念、提升国家发展软实力、实现中华民族伟大复兴中国梦的必然要求。

一是实现中华民族伟大复兴的需要。首先，我国作为世界第二大经济体，国际地位不断提升，全民健身工作也必须与大国地位相匹配，需要站在国际视野谋发展，积极参与国际大众体育交流，彰显大国形象。其次，国际大众体育交流是我国开放发展理念在全民健身领域的具体体现，既可以有效聚集国际优势资源为我所用，促进我国大众体育走出国门，在更大的舞台上实现开门办体育，也可以借助国际大众体育交流平台传播中国声音、推广中国文化、输出中国理念，增强我国的国际认同感，提升国家影响力和凝聚力，为实现中华民族伟大复兴的中国梦注入新动力。最后，积极拓展国际大众体育交流，可以向全世界展示我国爱好和平、团结友善、健康向上、阳光自信的国民素质和精神风貌，展现健康中国建设成就，彰显民族自信心，最终实现《计划》提出的成为健康中国建设和全面建成小康社会的国家名片的目标。

二是推动体育转型发展的需要。随着我国经济发展和综合实力的不断增强，仅仅依靠竞技体育在国际赛场上赢得尊重已远远不够，中国体育正进入全面转型、多元发展时期，体育发展将实现全民健身、竞技体育和体育产业协调发展的态势，全民健身工作将更加受到重视。国际大众体育交流能有效借鉴国际经验，创新全民健身工作理念，拓宽全民健身工作思路，全面提升我国全民健身的质量和水平，扩大全民健身在国家软实力及经济社会发展中的贡献度和影响力，促进我国体育发展成功转型。

三是人民生活品质提升的需要。随着国民经济的发展和群众生活水平的不断提高，越来越多的人更加注重生存质量和生活品质。拓展国际大众体育交流，一方面可以调动国际优质体育资源，引进国际先进健身知识和健康理念，丰富全民健身活动的形式和内容，最大限度地服务于国民不断增长的体育健身需求，另一方面也为国民走出国门搭建了新平台，使人们可以在更大舞台、更高水平上实现自身价值和精神追求。

四是体育产业振兴的需要。全民健身活动参与者的广泛性和持续性，为体育产业发展提供了巨大空间。在经济全球化背景下，充分发挥我国人口基数大、市场缺口大的独特优势，通过国际大众体育交流，引进国际先进的体育产业人才、技术、设施、项目及管理运营理念，推动我国全民健身所需场地、器材、服装、装备、教育培训、软件系统、展演竞赛活动等各相关产业发展，拉长体育产业链条，促进我国体育产业总量快速扩张，促进我国体育场地设施建设以及体育制造业、体育经营模式等转型升级，不断扩大体育产业在国民经济发展中的比重。同时，通过引进、消化、吸收和再创新，培育自主体育产业品牌，逐步提升我国体育产业的核心竞争力，推动我国体育产业走出去，为体育产业国际化发展奠定新基础，为我国经济全球化发展做出新贡献。

64. 为什么要将青少年作为实施全民健身计划的重点人群?

广大青少年身心健康、体魄强健、意志坚强、充满活力，是一个民族旺盛生命力的体现，是社会文明进步的标志，是国家综合实力的重要方面。党和国家历来高度重视青少年的健康成长。1995年颁布的《中华人民共和国体育法》明确提出，“国家对青年、少年、儿童的体育活动给予特别保障，增进青年、少年、儿童的身心健康”；之后《纲要》《条例》《学校体育工作条例》和“十二五”《计划》等政策法规相继出台，为大力发展我国青少体育事业奠定了法制基础。

改革开放以来，我国青少年体育事业虽然取得了很大成绩，但重智育轻体育仍是社会普遍现象。近年来的体质健康监测中，青少年耐力、力量、速度等体能指标持续下降，视力不良率居高不下，城市超重和肥胖青少年的比例明显增加，部分农村青少年营养状况亟待改善。这些问题如不切实加以解决，将严重影响青少年的健康成长，乃至影响国家和民族的未来。

对个体来说，青少年时期是身心健康和各项身体素质发展的关键时期。体育锻炼和体育运动，是强健体魄、加强爱国主义和集体主义教育、磨炼坚强意志、培养良好品德的重要途径，是促进青少年全面发展的重要方式，对青少年思想品德、智力发育、审美素养的形成都有不可替代的重要作用。

对国家来说，“少年强则国家强”，青少年体质健康水平不仅关系个人健康成长和幸福生活，而且关系整个民族健康素质，关系我国人才培养的质量。而且青少年群体是体育乃至经济社会发展的活力源泉。习近平总书记在会见国际奥委会主席巴赫时说，“我们要分类指导，从娃娃抓起，扎扎实实提高竞技体育的水平”，精辟阐述了青少年在竞技体育提升中的基础性地位。2014年出台的《国务院关于加快发展体育产业 促进体育消费的若干意见》把“促进青少年培育体育爱好，掌握一项以上体育运动技能，确保学生校内每天体育活动时间不少于一小时”等内容纳入文件，指明了蕴藏在青少年人群中的体育产业发展潜力。当前，随着“全民健身”和“健康中国”上升为国家战略，青少年体育活动促进计划纳入《国民经济和社会发展第十三个五年规划纲要》，青少年体育被摆上重要位置加快发展，开始释放助推经济社会协调、可持续发展的强大潜能。

因此，《计划》顺应形势，将青少年作为重点人群，是实现广大青少年身心健康、体魄强健的需要，是全面贯彻党和国家青少年体育工作方针、夯实我国体育事业基础的需要，是确保全民健身国家战略持续、深入推进的需要，更是培养中国特色社会主义事业的合格建设者和接班人、实现中华民族伟大复兴中国梦的需要。

65. 如何认识老年人在全民健身人群中的重要位置？

我国老年人口数量近30年来不断增加，2013年底，中国老年人口总量突破2亿，达到2.02亿，其中80岁以上高龄老年人口达到2300万。2015年以后，我国进入了人口老龄化迅速发展时期，在21世纪，中国的人口老龄化程度将一直维持在一个较高的发展水平。

党和政府始终高度重视和关心老龄工作，把老龄工作作为构建社会主义和谐社会、全面建成小康社会，实现中华民族伟大复兴中国梦的重要组成部分。党的十八届五中全会提出要积极应对人口老龄化。

提高老年人健康水平是提高老年人生活质量的基础和前提，推进健康关口前移，延长健康寿命，增强自主活动能力，对于老年人自立自强、积极向上具有重要意义。体育健身活动是积极应对人口老龄化的便捷、经济、有效方式，也是老年人保持健康、延缓衰老的理想途径。加强老年人体育工作对丰富老年人精神文化生活，提高老年人健康水平和生活质量具有不可替代的作用。抓好老年人体育工作也是带动其他年龄人群参与全民健身的有效方法。

66. 如何推动将外来务工人员公共体育服务纳入属地供给体系？

推动将外来务工人员公共体育服务纳入属地供给体系，需要从以下三个方面开展工作：

（1）建立完善的体育保障和管理机制。各级政府应坚持以人为本、充分重视外来务工人员的体育发展，改善外来务工人员参与体育活动的条件。健全民营企业相关的政策法规和体育工作条例，确保民营企业严格遵守《劳动法》中关于工资待遇、工作时间、休息休假等规定，保障外来务工人员参加体育锻炼的权益。加强外来务工人员集中居住区和工作区健身场地设施的建设，加大资金投入和管理力度，保障外来务工人员体育锻炼场所供给。

（2）营造体育环境，形成体育健身氛围。通过“体育生活化”社区建设，引导外来务工人员融入居住地的社区生活，积极参与社区的体育健身活动。社区在政府的引导下逐步建立覆盖各类人群的多渠道、全方位的社区全民健身协会，通过制定可行、科学、有效的章程、会员职责、工作计划等，吸纳外来务工人员积极参与其中，并开展经常性、传统性的体育比赛和各级各类的健身活动，营造社区全民健身的氛围，带动在本社区居住的外来务工人员参与体育健身的热情。

（3）创设“民企体育圈”，保障外来务工人员的体育锻炼有效进行。引导民营企业创设“民企体育圈”。在圈内建立行业体育协会、社区体育协会、单项体育协会的横向协会结构，进行体育交流，开展民间体育、休闲体育等形式灵活、内容多样、富有特色的体育活动，组织外来务工者积极参与。同时，充分发挥社团体育骨干的作用，带领和指导外来务工人员科学健身，体验体育运动带来的快乐。

67. 为什么要加大对社区矫正人员等特殊人群的全民健身服务供给?

社区矫正人员是指对罪行较轻、主观恶性较小、社会危害性不大的罪犯或经过监管改造，确有悔改表现、不致再危害社会的人员。最高人民法院、最高人民检察院、公安部、司法部联合下发的通知中明确，社区矫正的适用范围规定为五种罪犯，即被判处管制、被宣告缓刑、被裁定假释、被暂予监外执行和被剥夺政治权利并在社会上服刑的罪犯。

经常参加体育运动，有利于树立正确的世界观、人生观和价值观，培养规则意识、诚信意识、奉献意识，增强自尊、自信，形成健康、积极、进取向上的人格。体育运动还能提高个人的心理耐挫水平，在遇到挫折、困难时能正确面对和处理。另外，体育运动具有广泛的社会性，是人际交往的桥梁和纽带，能够消除隔阂和孤独感。因此，加大对社区矫正人员等特殊人群的全民健身服务供给，并结合相应的激励机制，给予他们更多的社会关爱和发展机会，能让他们更好地融入社会，既能达到预防再次犯罪的目的，又能更快地转变为社会活动的积极参与者和贡献者。

68. 为什么要加快发展足球运动和冰雪运动?

2015年2月27日，在中央深化改革领导小组会议上，审议通过了《中国足球改革发展总体方案》（简称《总体方案》），3月16日，国务院办公厅正式公布。从中央领导对足球工作的系列重要讲话和批示以及《总体方案》的颁布实施可以看到，党中央、国务院是从“两个100年奋斗目标”和实现中华民族伟大复兴中国梦这个战略高度来定位足球的改革发展工作，是从中国全面深化改革的总体部署来确定足球发展的核心思路和基本原则，是从中国社会、经济、文化发展的整体需求来宏观引领足球改革发展的总体目标。所以说，足球的深化改革是体育深化改革的突破口，是中国社会深化改革的组成部分。足球梦、体育梦，都是实现中国梦的一个重要内容。

发展和振兴足球，对提高国民素质、丰富文化生活、提高国家软实力、满足人民的精神文化需求、弘扬爱国主义集体精神、培育体育文化、发展体育产业、实现体育强国梦具有重要意义。被称为“世界第一运动”的足球运动，是全球最具影响力的单项体育运动，深受广大群众的喜爱。经常参加足球运动，不但能锻炼人的身体素质，也有利于培养人团结协作、敢于竞争、勇于拼搏和吃苦耐劳的精神。足球是我国最早进行职业化改革的项目，具备很高的经济价值和社会效应。“足球经济”作为新兴产业，其产业链条长，关联性、带动性很强，是体育产业发展的重要部分。相对于迅速发展的世界和亚洲足球，我国足球仍全方位落后。振兴足球是建设体育强国的必然要求，也是人民群众的热切期盼。

冰雪运动大多在低温高寒的户外进行，经常参加冰雪运动，能有效增强体质，提高人体御寒抗病能力和意志品质。从国际发展趋势看，冰雪运动已经形成巨大的产业，能有力拉动消费，带动旅游、房地产、交通、建筑、金融等相关行业发展，在瑞士、法国、日本等国家，冰雪产业已经成为了国家的支柱产业之一。目前我国冰雪运动的开展主要集中在黑龙江、吉林、新疆等地区，其他省份受气候条件的影响，冰雪运动的开展受到了一定的制约。2022年冬季奥运会将在我国举办，为我国冰雪运动的发展带来了良好的契机。大力推广冰雪运动，能培养国民冰雪健身方式，夯实冰雪运动群众基础，提升我国冰雪运动竞技水平，繁荣我国冰雪运动文化，促进冰雪产业的发展，实现带动“3 亿人参与冰雪运动”，也是成功举办2022年冬奥会和冬残奥会、落实全民健身国家战略、推动健康中国建设的必然要求。

69. 群众冬季运动推广普及计划的主要内容是什么?

为落实《计划》，加强群众冬季运动推广普及，让更多群众参与体育健身，引领全民健身新时尚，共享美好生活，体育总局联合相关部委颁布了《群众冬季运动推广普及计划》。

（1）《群众冬季运动推广普及计划》的指导思想：全面贯彻落实党的十八大，十八届三中、四中、五中全会精神和习近平总书记系列重要讲话指示批示精神，牢固树立创新、协调、绿色、开放、共享的发展理念，按照党中央、国务院关于办好2022年冬奥会和冬残奥会的总体要求，把推广普及冬季运动、增强人民体质、提高健康水平作为根本任务，坚持因地制宜、科学布局、统筹协调、广泛参与的原则，实施“冰雪运动南展西扩”战略，夯实冬季运动群众基础，传播积极健康的生活方式，引领全民健身新时尚。

（2）《群众冬季运动推广普及计划》的发展目标：以京津冀为引领，以东三省提升发展为重要基础，发挥新疆、内蒙古等地区的后发优势，带动南方地区协同发展，点线面结合布局群众冬季运动生态圈（带）。通过区域间优势互补，突破时空局限，到2020年，基本形成群众冬季运动开展地区广泛、场地设施供给充足、赛事活动丰富多彩、体育组织普遍建立、冰雪产业方兴未艾、社会各界广泛参与、冬季运动文化深入人心的群众冬季运动推广普及格局，努力推动实现“3亿人参与冰雪运动”的宏伟目标。

（3）《群众冬季运动推广普及计划》的主要任务：大力普及冬季运动文化、加大冬季运动场地设施供给、充分发挥冬季运动社会组织的作用、广泛开展冬季项目赛事活动、突出青少年学生重点、加强冬季运动推广普及人才队伍建设。《计划》的措施要求是：加强组织领导、加大支持力度、鼓励社会参与。

70. 3亿人参与冰雪运动的含义是什么？

“带动3亿人参与冰雪运动”的精神内涵主要包括：一是借助北京申

办2022年冬奥会，在我国推广普及冬季群众体育活动，有效推进我国冬季体育运动发展，改善人民健身和生活方式，提高整个中华民族的体质和健康水平。二是中国人口数量众多，开展冬季冰雪运动，普及冬季体育知识，传播奥林匹克精神，带动更多的人参与冰雪活动，引领更多青少年了解奥林匹克知识，是对奥林匹克运动在世界范围普及发展的巨大贡献。三是通过加强冬季项目体育设施建设，普及冬季运动观念，培养冬季项目人才等措施，满足人们日益增长的参与冰雪运动的需求，从而带动、引领更多人参与冰雪运动。四是3亿人参与冰雪运动，将形成冰雪体育产业的巨大市场和产业链，有利于体育服务业的发展和产业结构的调整，也将为中国和世界的投资者带来巨大商机。带动3亿人参与冰雪运动的引领辐射作用主要是以北京申冬奥为契机，以京冀优先快速发展为带动，以东北地区稳步全面建设为主要基础，以西北、华北地区发展为重点，大力促进、带动、引领我国北方地区和部分南方地区冬季体育运动的开展，带动更多的人参与冰雪运动，从而达到冬季项目群众体育活动在中国的普及。

“带动3亿人参与冰雪运动”的参与者主要是两部分群体。一部分是直接参与冰雪运动的群体，包括：到冰场滑冰、到雪场滑雪的爱好者；接受冰雪课程知识教育、技能学习的在校学生；参加冰雪俱乐部锻炼、培训活动的人员；从事冰雪运动训练竞赛的运动员、教练员、裁判员等。另一部分则是通过冰雪体育比赛和冰雪活动影响到的人群，包括：冰雪嘉年华、冰雪季、旅游节等活动吸引到的参与者和体验者；冰雪训练、竞赛、冬令营等活动影响到的学生及家长；借助冰雪场地、场馆组织举办冰雪展览、表演、宣讲的受众人群；冰雪知识讲座、知识竞赛等活动的受众人群；冬季项目体育产业的从业人员等。

DI SI PIAN BAO ZHANG CUO SHI

第四篇 保障措施

71. 为什么要强化政府主导、部门协同、全社会共同参与的全民健身组织架构？

近年来，党中央、国务院对全民健身工作日益重视。2014年10月，国务院《关于加快发展体育产业促进体育消费的若干意见》将全民健身上升为国家战略，意味着全民健身工作已经从一个部门的单项工作上升为国家层面的整体性工作。2015年10月，十八届五中全会将健康中国上升为国家战略，全民健身作为健康的前端，是健康中国建设的重要组成部分，由此，全民健身成为一项集两个国家战略于一身的重大工作。2016年8月，习近平总书记在全国卫生与健康大会上指出“推动全民健身与全民健康深度融合”，为全民健身工作提出了更高要求。

第一，基于全民健身作为两个国家战略叠加的重要地位，需要与其地位相匹配的各级党委、政府进行全面统筹，并发挥主导作用。

第二，全民健身工作与文化、教育、科技、卫生、旅游、养老、助残、综治等各部门工作衔接紧密、融合度高，它已不单纯是体育部门的工作，需要各部门共同参与，协同推进，形成合力。

第三，随着经济、社会的发展和改革的深入，百姓健身需求日益增长，全民健身工作面临的情况越来越复杂，问题越来越多。由于大部制改革，近年来基层体育部门纷纷合并，导致人员严重不足。全民健身工作涉及战略规划、标准制定、方案策划、活动组织、人才培训等多个领域，涉及面广、专业性强，已远远超出体育部门的能力范畴，封闭办体育注定没有出路，开门办体育才是大势所趋。因此，只有调动智库和社会组织等一切社会力量积极支持和参与全民健身工作，才能突破瓶颈，有效解决人手不足、供给不足、专业缺乏等诸多现实问题。

综上，新时期全民健身工作必须在体制机制上进行大胆创新。只有强化政府主导、部门协同、智库和社会组织等社会力量共同参与的全民健身组织架构，才能确保全民健身工作顺利推进。

72. 智库如何为全民健身的重要工作、重大项目提供咨询服务？

2015年1月，中共中央办公厅、国务院办公厅印发了《关于加强中国特色新型智库建设的意见》，明确提出中国特色新型智库是党和政府科学民主依法决策的重要支撑，是国家治理体系和治理能力现代化的重要内容，是国家软实力的重要组成部分。

智库作为“十三五”时期全民健身决策咨询的重要组成部分，扮演着不可或缺的辅助者角色，可以为全民健身重要工作、重大项目的决策和实施提供科学咨询服务，以科学咨询支撑政府科学决策，以科学决策推动全民健身科学发展、创新发展。智库具体在以下方面提供咨询服务。

（1）在思想理论上提供咨询服务。针对全民健身的重要工作、重大项目，智库可以开展前期理论研究和政策研究，提供先进的工作理念和工作思路；进行顶层设计和战略规划分析研究，辅助政府和体育主管部门科学制定规划计划；进行全民健身工作标准的研究制定、工具模板的研究设计，提供具有可操作性的工作抓手和工作方法。

（2）在工作推进上提供咨询服务。在全民健身重要工作、重大项目推进实施过程中，根据宏观政策背景和顶层设计要求，结合当前现实环境，提供具体落实方案的策划设计和督导实施咨询服务，寻找重大问题的关键点、突破点并创造性地解决问题，协助开展资源整合、人才培训、国内外交流、社会公众舆论引导等工作，推动全民健身重要工作、重大项目顺利实施。

（3）在效果评估上提供咨询服务。智库可以作为第三方评估机构，对全民健身重要工作、重大项目实施效果进行评估，帮助各级政府和相关职能部门总结工作成果，查找工作问题，推广工作经验，推动全民健身工作不断跨上新台阶。

73. 如何更好地发挥体育社会组织在日常体育健身活动的引导、培训、组织和体育赛事活动的承办等方面的作用？

我国民政部门对体育社会组织的定义是：从事各种体育运动、健身活动的社会组织。其特有功能主要是通过日常体育健身活动引导、培训、组织和体育赛事活动承办等形式实现的。运动取得健身效果必须使之成为一种常态化、有规律的行为。对体育社会组织来说开展常态化活动可促使其活动或赛事制度化建设，通过有组织的日常活动也有助于体育健身者养成体育锻炼习惯或使参与体育活动成为个人生活方式的组成。体育社会组织如何更好地发挥作用，主要体现在以下方面。

（1）强化专业服务能力建设。体育是专门技能的身体运动，这一特性决定了体育社会组织的主体是体育单项协会。而且专业化建设核心是人的培养和使用。活动或赛事的策划、筹备、实施和指导是通过专业化的人、设备和程序完成的。为此，专业能力是全部体育社会组织能力建设的首要任务，而这一任务主要是通过培育、培养高素质、专业化的人实现的。

（2）培育健身活动、技能培训和赛事品牌。体育社会组织应当树立服务品牌意识，品牌建设有助于提高服务质量。体育部门可通过开展“一会一品牌”活动，引导体育社会组织加强品牌建设。

（3）共建共享，推动城乡社区“三社联动”全民健身服务机制建设。日常体育健身活动主要依托社区开展。体育社会组织要在日常体育健身引导、培训、组织中发挥更大的作用，就应按照政府扶持、社会承接、专业支撑、项目运作的思路，推动建立以社区为平台、体育社会组织为载体、社会体育指导员和体育志愿者为支撑的全民健身日常化健身活动服务机制，充分发挥社区的基础平台作用、社区体育社会组织的服务载体作用、社会体育指导员和体育志愿者的骨干作用。

（4）落实激励措施。制定激励措施和办法，对作用发挥明显和服务表现突出的体育社会组织予以表彰和认定。将开展服务活动的情况作为体育社会组织规范化建设评估的重要内容。对积极参与服务社会活动并取得实效的体育社会组织，在资助扶持、购买服务、表彰奖励等方面予以优先考虑。

（5）做好宣传，营造良好氛围。要充分利用广播、电视、报刊、网络等新闻媒体，进行广泛的宣传活动，扩大体育社会组织服务社会活动的社会影响，形成扶持、促进体育社会组织发展的社会共识。对于在服务公众方面表现突出的体育社会组织及其公益活动给予积极宣传，弘扬公益精神，提高社会公众对体育社会组织积极作用的认识。

（6）建立以发挥作用为核心的评价标准和评估机制。为推动体育社会组织在日常体育健身中发挥作用，体育部门应建立以体育社会组织是否在日常体育健身活动中发挥作用为主要内容的绩效评价标准，并将其纳入政府购买全民健身公共服务、资助扶持和表彰奖励政策。

74. 如何探索建设健康促进服务中心？

健康促进服务中心是指以健身为核心，以促进百姓身心健康为目的而配置的服务型事业机构，是最贴近百姓、直接服务百姓的组织。“十三五”期间，为了加强基层全民健身公共服务供给，坚持需求导向，健全全民健身一体化体制机制，立足街道、乡镇，整合基层医疗、卫生、养老、文化、教育、精神文明等领域与健康相关的工作，建立健康促进服务中心。“中心”以政府为主导，由专职人员和志愿者等共同组成，分别承担管理、专业技术指导、健康服务等工作。通过宣传科学锻炼和健康养生知识，培育和管理健身组织，引导各类健身活动的开展，管理和维护健身场地设施等服务，促进百姓健康素质的提升。

探索建设健康促进服务中心，旨在促进“体医结合”疾病管理与健康服务模式的建设，将健康教育、医学检查、体适能测评、体质与健康监测和运动管理有机融合，能够充分发挥和全面凸显体育在促进健康、预防疾病和康复养生等方面的重要价值。打破传统“以疾病治疗为中心”的医院模式，构建“以健康促进为中心”的健康服务中心模式。搭建以“体医结合”为核心的健康服务平台，构建科学合理的运动指导体系，加速“体医结合”模式的落地与实施，发挥全民科学健身在健康促进和慢性非传染性疾病预防等方面的积极作用。

在健康促进服务中心建设中，要切实发挥科技创新的引领和支撑作用，与科学健身示范区、体质测定与运动健身指导站加强全民健身科技协同创新平台建设。宣传科学健身知识和方法，分析社区健康教育与健康促进的状况，评估居民健康需求，加强科学健身指导。扩大运动健康指导师的人才队伍，不断加大培养和培训力度，提高运动健康指导师的业务能力和水平。对运动处方库进行充实完善，形成针对不同人群、不同环境、不同身体状况的运动处方库。使城乡居民体育健身的“大健康”意识深入人心，全民健身社会氛围浓厚，民众体育参与行为日趋自觉，体育与休闲生活方式带来的生活质量明显提升，全民健身的科学化程度大幅度提高。

75. 如何引导社会力量进行全民健身设施的建设?

《计划》中提出“鼓励社会力量投资建设体育场地设施，支持群众健身消费”。在体育领域，除了通过一般公共预算、政府性基金预算等支持改善城乡公共体育设施外，大力引导社会资本参与建设全民健身中心、冰场等公共体育设施，有利于扩大体育热点消费，丰富公共体育服务供给，扩大体育产业规模。

目前体育总局正会同发展改革委、财政部研制吸引社会资本参与公共体育设施建设的政策文件，为吸引社会资本参与公共体育设施建设和运营营造良好的政策环境、创造各种有利条件，转变目前公共体育设施建设主要由政府供给的方式和局面，在政府加大公共体育设施建设投入的基础上，鼓励社会资本采取PPP在内的多种方式，参与公共体育设施建设和运营，激发各类市场主体的活力和发展潜力，形成多元化、可持续、深度跨界融合的投入渠道，增加体育场地面积，提高体育公共产品和服务供给的质量和效率。

76. 如何更好地落实政府购买全民健身公共服务工作?

政府购买全民健身公共服务，就是通过发挥市场机制的作用，把原来由政府直接向社会公众提供的一部分公共服务，以合同外包、公私合作等方式交给具备条件的社会力量来提供，并由政府根据服务数量和质量向其支付费用的公共服务提供方式。

推广政府购买全民健身公共服务既是深入推进依法行政、转变政府职能、建设服务型政府的重要环节，也是规范和引导体育社会组织健康发展、推动全民健身公共服务社会化发展的重要途径，对于进一步深化体育体制改革，创新全民健身公共服务供给方式，提高全民健身公共服务效能，满足广大人民群众体育健身需求具有重要意义。

推动落实政府购买全民健身公共服务需要做好以下工作。

（1）加快转变政府职能。认真贯彻落实十八届三中全会精神和工作部署，全面正确履行政府职能，把简政放权与提高社会组织承接能力结合起来，推广政府购买服务，坚持“社会事社会办、专业事专业办”的原则，凡适合由体育社会组织提供的全民健身公共服务和适合由其解决的事项，交由有能力的体育社会组织承担。

（2）强化体育社会组织能力建设。体育社会组织要“接得住”“接得好”政府转移的职能，就需要加强自身建设，努力提高专业化服务能力。为此，在推广政府购买全民健身公共服务改革中，应当将提升体育社会组织全民健身公共服务能力作为承接政府购买服务的基础性工作，重点加强体育社会组织自身治理能力、自我发展能力、提供服务能力、对外交往能力和适应市场能力这五种能力的建设。

（3）制定指导性目录。要按照转变政府职能的要求，结合本地经济社会发展水平、全民健身公共服务需求状况和财政预算安排情况，制定本地区政府向社会力量购买全民健身公共服务的指导性目录或具体购买目录，并进行动态调整。

（4）健全购买机制，完善购买程序。规范购买主体和承接主体的行为，引入市场竞争机制，确保整个过程公平、公正。作为购买主体的体育部门应当根据购买内容的供求特点、市场发育程度等因素，按照方式灵活、程序简便、公开透明、竞争有序、结果评价的原则，组织实施政府购买全民健身公共服务。按照政府采购法的有关规定，采用公开招标、邀请招标、竞争性谈判、单一来源采购等方式确定承接主体。作为承接主体的体育社会组织则应依法设立，具有独立承担民事责任的能力，按合同履行提供服务的义务，组织实施服务项目，按时完成服务项目任务，保证服务数量、质量和效果，主动接受有关部门、服务对象及社会的监督，严禁转包行为。

（5）加强绩效评价。健全由体育部门、服务对象以及第三方共同参与的综合评审机制。加强对购买全民健身公共服务项目的绩效评价，建立长效跟踪机制。在绩效评价体系中，要侧重服务对象对全民健身公共服务的满意度评价。政府向社会力量购买全民健身公共服务的绩效评价结果要向社会公布，并作为以后年度编制政府向社会力量购买全民健身公共服务预算和政府向社会力量购买全民健身公共服务承接主体的重要参考依据。

77. 如何鼓励和引导地方政府加大对全民健身的财政投入？

通过“十二五”《计划》实施效果评估发现，目前，我国总体全民健身财政投入偏低，需要进一步加大政府、特别是地方政府对全民健身的财政投入，以提高全民健身的保障水平。《计划》中主要从以下几个方面提出了举措。

一是通过制定全民健身公共服务体系建设指导标准和地方性实施标准，明确中央和地方政府在全民健身公共服务方面的事权关系，加大地方政府对于需要提供公共服务的公共财政保障力度。

二是规定县级以上地方人民政府将全民健身工作相关经费纳入财政预算，并随着国民经济的发展逐步增加对全民健身的投入。

三是在保证现有彩票公益金足额用于全民健身工作的基础上，逐步加大彩票公益金用于全民健身工作的比例，由公益金和财政资金共同提供资金保障。

四是引导地方政府安排一定比例的彩票公益金等财政资金，通过设立体育场地设施建设专项基金和政府购买服务等方式，鼓励社会力量投资建设体育场地设施，支持群众健身消费。

五是依据政府购买服务总体要求和有关规定，制定政府购买全民健身公共服务的目录、办法及实施细则，加大对基层健身组织和健身赛事活动等的购买比重。

六是完善中央转移支付方式，鼓励和引导地方政府加大对全民健身的财政投入。

78. 全民健身评价体系都包括哪些内容?

新周期《计划》提出的“建立全民健身评价体系”，是一个多元、立体、综合的评价体系。其内容主要包括以下六个方面：

（1）评价目的及意义：通过评价推动全民健身工作顺利实施，检验《计划》实施效果，使全民健身工作走向科学化、精细化、持续化健康发展。

（2）评价主体：主要包括政府、专家团队、社会机构和百姓等。

（3）评价对象：一是对各级政府进行评价。二是对全民健身相关的人、事、物进行评价——其中人是指与全民健身相关的各类人群、各类组织等；事是指全民健身活动、项目、赛事、管理、宣传、培训等；物是指全民健身场地设施、投入资金、政策等。

（4）评价方法与途径：建立由政府、社会、专家等多方力量共同组成的工作平台，采用多层级、多主体、多方位的方式对全民健身发展水平进行立体评估。在方法上，主要采用定量与定性相结合的方法。在途径上，主要采用现场查看、人群走访、问卷调查以及结合网络科技和传统、新兴媒体平台等手段进行评价。

（5）评价内容：一是对《计划》所涉及的各项内容进行评价，具体包括全民健身工作的定位、目的、方向是否与国务院要求一致，工作原则是否吻合，目标是否达成，任务是否全面落地，措施是否得力，保障是否有效。二是对全民健身工作的百姓满意度进行评价。

（6）评价指标：评价指标主要分为硬性指标和弹性指标，具体包括目标、任务、措施等对应的各项定性指标和定量指标。根据全国各地的具体情况不同，在指标设置上略有差别。

目前与《计划》相对应的国家层面的评价体系正在细化中，应鼓励各地根据实际情况，按照国家《计划》所确定的相关评价内容，积极探索制定地方的评价体系。

79. 如何理解体育在构建现代公共文化服务体系中的重要地位？

体育是人类文明的产物，是和其他文化形态相伴而生、同步而行的一种文化形态。当今世界，体育早已超越了运动和竞技的层次，不仅提升着国民的身体素质、人文素养，更弘扬着民族精神，体现着国家软实力，在促进政治经济社会和人的全面发展等诸多领域都表现出独特的文化价值和文化作用，日益受到世界各国普遍重视，成为评判一个国家和地区综合实力、特别是文化软实力的重要标准。

党中央、国务院相关政策、法规、文件历来都是将文化和体育作为统一的整体进行部署。中共中央办公厅、国务院办公厅印发的《关于加快构建现代公共文化服务体系的意见》（简称《意见》）是贯彻落实党的十八届三中全会《关于全面深化改革若干重大问题的决定》精神的配套文件，是建立健全现代公共文化服务体系、推进文化体制机制创新的纲领性文件，是各级党委、政府和文化体育部门深化改革的行动指南。《意见》对体育工作作出了明确要求，充分体现了体育在构建现代公共文化服务体系中的重要地位。目前，全国有超过半数的县级体育部门与文化部门合并，全国大部分基层政府把文化和体育工作统筹安排、协同推进，“文体不分家”已得到基层的普遍认可。由此可见，做好体育工作特别是全民健身工作，对构建现代公共文化服务体系至关重要。

80. 如何打造体育特色城市？

《计划》提出：“鼓励各地依托特色资源，积极创建体育特色城市、体育生活化街道（乡镇）和体育生活化社区（村）。”

针对体育特色城市创建，可从以下几方面着手：

（1）领导要高度重视。体育特色城市建设关系城市的长远发展和千家万户的利益，涉及城市建设的方方面面。它不是某一个部门的工作，而是一个地区发展的整体性工作。因此，创建体育特色城市工作，首先是领导重视，要将体育特色城市建设工作纳入政府的重点工作来推进，出台相关支持政策，设立创建体育特色城市专项资金，成立由政府主要领导负责、各相关部门共同参与的工作领导小组，加强领导与协调。各地体育部门要努力将创建体育特色城市工作转变为地方“一把手工程”。

（2）要做好顶层设计。按照《计划》要求，结合中央关于全民健身与全民健康深度融合的指示精神，以健康为导向，以打造健康城市、服务于人民的全面健康为目标，以体育特色为主线，依托当地的人文、地理等优势资源来开展顶层设计。一是要明确打造体育特色城市的定位、目标、愿景、发展思路等，确立相应的管理、宣传、培训等工作模式，以及形象、环境等软硬件建设标准，形成体育特色城市建设发展体系。它是开展体育特色城市创建的标准性文件，也是指导工作开展的工具。二是制定体育特色城市发展战略，明晰工作内容和软硬件布局，以及通过体育特色城市创建促进民生和产业发展的策略，明确整体发展的路线图、时间表、任务书。战略要充分体现全民健身是体育产业发展的动力源，是健康中国建设的重要支撑，是小康社会建设的城市名片的定位要求。

（3）要以“大群体”格局开展工作。一是要将体育特色城市创建工作与文化、教育、卫生、旅游等部门工作相结合，形成整合推进、融合发展的工作模式。二是充分发挥政府主导作用，整合智库、社会组织、企事业单位、媒介机构及社会名人等，共同推进体育特色城市的活动、组织、场地设施等系列工作开展。

（4）要做好实施工作。按照顶层设计方案，明确责任，细化分工，分步推进实施，并在实施过程中，针对出现的新情况、新问题，对实施方案进行动态调整，因地制宜推进落实。

81. 什么是体育生活化社区?

体育生活化，是以实现人的全面健康为根本目的，以促进广大人民群众形成健康文明生活方式为中心，把体育活动融入到人们的日常生活中，成为人们衣、食、住、行以外的第五生活基本要素。

体育生活化社区是指以社区为地域单位，以社区全体成员为对象，以全民健身为核心，以追求人的全面健康为目的，以政府、家庭、各类参与其中的社会组织及企事业单位为组织体系，以各类体育活动及与之相适应的场地设施为依托，最大化整合文化、教育、卫生、医疗、精神文明、美丽社区建设等工作，使体育全方位融入到人们的日常生活中，成为衣、食、住、行以外的第五生活基本要素，最终在体育组织、体育活动、体育场地设施的内容和形式等方面呈现生活化趋势，促进居民形成健康文明生活方式的一种新型社区。

82. 全民健身统计制度的主要内容是什么？如何完善？

全民健身统计制度主要包括全民健身经费、社会体育指导员发展情况、健身场地设施、国民体质监测站点的基本情况等内容。全民健身统计制度纳入全国体育系统统计报表制度统一进行，由各填报单位在每个统计年度下一年的第一季度末，通过网络直报完成数据报送，调查数据资料通过年鉴形式进行发布。

为进一步做好全民健身统计工作，应通过以下四个方面继续完善全民健身统计制度。

一是加强全民健身统计制度建设。严格按照国家统计局的统计报表制度，规范完善全民健身统计制度，进一步做好全民健身统计指标制定、数据统计及整理、分析、发布工作。

二是做好全民健身活动状况调查工作。按照全民健身活动状况调查计划，开展调查工作，全面、及时地了解我国全民健身活动的状况，利用互联网、大数据、云计算等科技手段做好数据搜集和分析工作，为客观评估《计划》、建设覆盖城乡比较健全的全民健身公共服务体系提供数据支持。

三是积极参与体育场地普查、国民体质监测、体育产业统计等。主动配合、积极参与体育场地普查、国民体质监测、体育产业统计等统计工作，参与相关调研，了解工作进展，掌握群众体育场地设施建设、体质监测、体育消费等情况。

四是做好全民健身统计数据宣传展示工作，充分展示全民健身成果。

国家统计数据库中全民健身方面的相关统计资料，定期展示和宣传与全民健身相关的统计数据，发布相关信息，展示全民健身成果。

83. 如何认识国民体质监测制度？

国民的体质状况和健康水平是一个国家综合国力的重要组成部分，也是社会文明和进步的重要标志。开展国民体质监测工作是坚持党和国家发展体育事业根本宗旨的具体体现。1995年6月20日，国务院颁布了《纲要》，同年8月29日，第八届全国人民代表大会常务委员会第十五次会议全票通过了《中华人民共和国体育法》并于1995年10月1日起施行。《纲要》和《体育法》不仅对国民参加体育锻炼、增强体质提出了具体要求，其中《纲要》首次提出了“体质测定制度”这一概念，并且强调，在全国“进行体质监测”“实施体质测定制度，制定体质测定标准，定期公布全民体质状况”。

在已开展的针对我国儿童青少年（学生）、成年人、幼儿等人群进行的体质调研的基础上，国家体育总局开始着手国民体质监测系统的构建。2000年，国家体育总局联合国家教委、卫生部等10个部、委、局，进行了我国首次国民体质监测工作，这标志着我国国民体质监测系统的建立。从此，每相隔5年由国家体育总局牵头，在全国范围内开展国民体质监测，监测对象为3至69周岁的中国公民，按年龄分为幼儿（3～6岁）、儿童青少年（学生）（7～19岁）、成年人（20～59岁）和老年人（60～69岁）4个人群，其中，儿童青少年的体质监测由教育部组织实施。

2000年，为规范国民体质监测工作，保证国家获取客观准确的国民体质资料，推动全民健身活动的开展，促进经济发展和社会建设，根据《中华人民共和国体育法》和《纲要》，国家体育总局颁布了《国民体质监测工作规定》（以下简称《规定》）。《规定》对国民体质监测对象、工作任务、经费来源、监测间隔时间和国民体质监测系统的构建等方面进行了明确说明。《规定》从法规上保证监测工作以“每5年为一个周期”的制度性开展该项工作，定期向社会公布监测结果，为国家制定社会发展规划和科学指导国民进行健身活动提供依据。

国民体质监测的实施和《规定》的颁布，标志着我国国民体质监测制度的建立。到目前为止，已经完成2000年、2005年、2010年和2014年4次国民体质监测。

84. 为什么要强化全民健身科技创新?

创新是推动一个国家和民族向前发展的重要力量，也是推动整个人类社会向前发展的重要力量。新颁布的《计划》把“强化全民健身科技创新”作为保障《计划》实施的重要措施，顺应了国家的创新驱动发展战略，意义非常重大。

首先，强化全民健身科技创新是构建全民健身科技先导、支撑和保障体系的需要，是提升全民健身质量和水平的关键环节。过去五年，尽管我国全民健身发展取得了显著成绩，但仍面临着巨大挑战，人民群众日益增长的多元化、多层次健身需求与有效供给不足的矛盾依然突出，特别是科技对全民健身的支持水平不足，科技创新对全民健身发展的引领作用未能充分体现。新周期全民健身计划的实施效果，在很大程度上取决于科技创新的水平。强化全民健身科技创新，就是要初步建立全民健身科技先导、支撑和保障体系，不断提升全民健身科学化水平。

其次，强化全民健身科技创新是攻克全民健身关键问题、重点问题和难点问题的需要。当前，在群众体育领域的实践层面，有许多需要研究的问题，如“全民健身理论创新”“运动促进身体健康的机制”“国民体质监测大数据库”“全民健身管理和服务资源库”“健身指导方案”“运动处方库”“中国人体育健身活动指南”“现代信息技术在全民健身中的应用”“全民健身新方法、新手段、新技术、新产品”等，迫切需要通过科技创新来破解，并应用于指导实践，在全民健身工作中发挥重要引领作用。

最后，强化全民健身科技创新是提高科学健身指导服务质量和水平的需要。当前我国科学健身指导服务范围有限，质量不高，离人民群众对科学健身指导服务的要求尚有一定距离。无论是科学健身指导服务平台硬件条件建设，还是各种服务平台的运行与管理，都需要科技创新来保障。

总之，强化科技创新是实施新周期《计划》的亮点，也是非常重要的保障措施，对于解决全民健身工作的瓶颈问题，引领全民健身工作的未来发展方向，促进全民健身工作上台阶、上层次皆具有重要的现实意义。

85. 什么是运动促进健康科技行动计划？

运动促进健康科技行动计划是实施《计划》的配套文件，是为了呼应《计划》提出的“强化全民健身科技创新”的保障措施和落实《“健康中国2030”规划纲要》提出的“提高群众科学健身意识、素养和能力水平”战略任务的一项重要举措。

当前人民群众的健身意识不断增强，经常参加体育锻炼的人数比例不断增加，但科学化健身水平不高，运动中缺乏科学指导，违背科学、危害健康的事件屡屡发生。制定与实施运动促进健康科技行动计划，就是要进一步提高运动促进健康的效益和科学化水平，更好地满足人民群众对科学健身指导的需求。

运动促进健康科技行动计划将重点围绕“创新运动促进健康的理论与关键技术，进一步提高运动促进健康科学研究水平和科研成果转化率，普及科学健身知识，提高人民群众科学健身意识、素养和能力水平，大力提升全民健身科学化水平，初步建成结构较合理、形式多样、实用性较强的运动促进健康科技支撑体系”的发展目标进行设计与规划，力争使科技成为实施《计划》和推动健康中国建设的有力支撑。

86. “运动是良医”理念内涵是什么？

“运动是良医”（Exercise Is Medicine， EIM）是2007年由美国运动医学会和美国医学会共同发起的运动健康促进项目，经过数年的积极推广，得到世界多个国家的响应和参与，中国疾病预防控制中心于2012年6月加入此项目。

EIM倡议是一个全球性的、多层面的创举。EIM是有大量科学研究成果支撑、历史悠久的运动健康促进项目，是在因体力活动减少导致慢性疾病高发这一特殊历史时期大力推广的科学理念。EIM倡导“运用已经过科学验证、可以为健康带来益处的体力活动和运动来预防慢性疾病”的理念，使体力活动和运动成为美国和其他国家卫生保健系统疾病预防和治疗的重要组成部分。2010年以来，EIM积极推广运动和体力活动是预防、延缓和治疗慢性疾病的低成本有效策略，并促进医护人员、健身指导人员和大众之间的连接，EIM鼓励初级保健医生和其他卫生保健人员合作，为患者制定治疗计划时应包括运动处方。近年来，这一健身新理念得到了广泛推广和应用，EIM已经在全球43个国家启动和实施。

2014年以来EIM项目加大了在高等院校的推广力度，积极推行“运动是良医——校园行动”（Exercise Is Medicine On Campus， EIM-OC）。EIM-OC的愿景是要实现所有的校园和社区成员通过EIM-OC的多个学科探索、分享及采用的原则，在校园内外形成运动预防慢性非传染性疾病的文化。

87. 什么是全民健身管理资源库？

全民健身管理资源库是指通过运用现代信息化、网络化手段为全民健身管理者、工作者提供信息收集、实时管理、在线交流互动等服务的工具平台。它是综合性、半开放性平台，是全民健身公共服务信息平台的主要组成部分之一。服务对象主要是体育行政部门的相关领导、全民健身管理工作者和相关机构。它主要包含：全民健身各类案例库、研发项目发布和成果分享、政策解读、全民健身管理者培训和教学回放、满意度需求调查和发布等。它通过现代科技手段，采集、整理全民健身场地设施、活动、组织、健身指导等数据信息，形成管理资源电子数据库，为全民健身管理工作者提供理论、案例、工具模板等资源，同时具备跨地域实时动态把握、服务互动、信息交流等应用功能，使管理、交流、互动更加及时、便捷、高效，推动管理服务走向现代化。

88. 什么是全民健身服务资源库？

全民健身服务资源库是指通过运用现代信息化、网络化手段为广大人民群众提供科学健身知识、信息交流与互动、活动参与等服务的工具平台。它是综合性、互动性、开放性平台，是全民健身公共服务信息平台的主要组成部分之一。服务对象主要是通过注册的所有民众和社会相关机构。它通过云计算、大数据、物联网等现代科技手段，立足百姓身体、心理、道德和社交四个方面的全面健康，为生命全周期的各类人群提供健身全过程的在线资源信息服务，以及实时的教与学和即时性交流与互动等贴心服务，从而满足百姓基本健身需求和个性化、多元化的健身需求。它主要包含：健身在线指导、线下预约、场地预订、活动参与、赛事报名、即时性交流互动、晒运动、科学健身与运动食谱、满意度调查、意见收集、评估和积分激励等功能。

89. 如何建设全民健身公共服务信息平台？

全民健身公共服务信息平台是指为保障全民健身公共服务而设置的各级、各类信息宣传、展示、发布渠道和途径的聚合而形成的有机整体。它与全民健身管理资源库、全民健身服务资源库相辅相成，共同构成了一个开放式的全民健身服务网络综合体。它旨在将现有国际、国内与全民健身直接相关的平台进行整合，促进互联互通。如全民健身宣传栏、橱窗、LED、报纸、期刊、电台、电视台、网站、App等，根据发展需要，将其中落后或不太适合的进行适当的合并、增减和更新调整。对其他有价值的平台进行合作开发，并随着时代的发展不断创新。如在相关的栏目和版面中，增加和丰富全民健身相关栏目和板块，使其成为百姓认知、了解和获取全民健身服务信息最全面、最便捷的窗口。在此基础上，将传统与现代信息手段相关结合，通过云计算、大数据、物联网等先进科技手段，创新全民健身各类新的信息收集、交流、传播途径，从而更好地推进全民健身工作，以及更好地为百姓走向全面健康服务。

90. 如何认识全民健身科技创新平台和科学健身指导平台？

全民健身科技创新平台是构建全民健身科技创新体系的基础工程，其对优化全民健身科技资源配置，促进科技资源开放共享，构建区域创新体系以及提高科学研究的质量与水平等都具有重要意义。

全民健身科技创新平台建设主要包括两个方面的工作：一是以现有国家及省市体育科研院所、体育高校实验室为基础，通过升级改造、完善设备条件等途径，建设国家及省市级重点实验室；二是整合体育院校、医学院、体科所等相关机构资源，开展国家级和省市级科技创新基地建设。

科学健身指导服务平台主要包括为开展科学健身指导服务而建设的各种科学健身指导服务中心、站点和示范区等。“十三五”期间，将依托体育总局开展“体质测定与运动健身指导站”和“科学健身示范区”试点工作已形成的基础，通过提升、整合、改造、优化等途径，建设多种层次、多种类型的科学健身指导服务中心，形成集健身场所、体质测定、运动干预、运动康复、教育培训、科学研究等多种功能于一体的科学健身指导服务平台网络。

科学健身指导服务平台将按照三个层次进行建设：一是建成1个国家级科学健身大数据中心和国家科学健身服务云；二是建成31个省市级科学健身指导中心；三是建成1000个左右多模态的科学健身指导站点。三个层次的科学健身指导服务平台上下呼应，纵横交错，形成网络，建成后将大幅提升科学健身指导服务的质量与水平，进一步满足人民群众科学健身指导服务的需求。

91. 如何建立新型全民健身人才观?

习近平总书记在2013年召开的全国组织工作会议上指出：要树立强烈的人才意识，寻觅人才求贤若渴，发现人才如获至宝，举荐人才不拘一格，使用人才各尽其能。推进全民健身事业发展，必须站在健康中国建设和全民健身国家战略的高度，在选好、用好现有人才的基础上，创新人才发展理念，树立新型人才观，以开放包容的态度发现人才，以全面系统的思维培养人才，以灵活多样的方式使用人才，为实现全民健身工作目标提供充裕的人力支撑。具体应做到以下几点。

一是既注重人才能力建设，又注重人才品德建设。在评估全民健身人才专业技能的同时，更加注重发现和使用思想品德好、综合素质高、热心公益事业、乐观友善的体育人才，在全民健身活动中传递社会正能量。

二是既注重理论人才建设，又注重应用人才建设。一方面，要充分利用科研院所、专业院校及民间智库等研究机构的人才资源，加大全民健身理论体系研究，科学指导全民健身运动实践；另一方面，要更加注重实用人才、尤其是一线人才队伍建设。

三是既要注重高端人才建设，又要注重普通人才建设。在充分发挥高端人才示范、辐射、引领作用的同时，加大对基层人才、尤其是群众身边的普通人才队伍建设，形成结构合理的人才梯队。

四是既注重公益人才建设，又注重经营人才建设。一方面要充分发挥公共事业机构、社会公益组织及公益人士在全民健身中的主导作用，彰显全民健身运动的公益性；另一方面要注重培养和扶持体育经营人才，释放体育产业活力，促进全民健身事业与大众体育产业互动发展。

五是既要注重体制内人才建设，又要注重体制外人才建设。在用好体制内人才的同时，尤其要注重体制外人才的发掘、培养和使用，建成以体制内人才为主导、以体制外人才为主体的人才队伍。

六是既要注重专职人才建设，又要注重兼职人才建设。在抓好专职人才建设的基础上，充分调动社会各界支持全民健身运动的积极性，通过积极引导和培训、认证，建立全民健身带头人、社区兼职教练员、社会体育辅导员、全民健身志愿工作者等各类兼职人才队伍。

七是既要注重人才引进工作，又要注重人才培养工作。对大众健身关键领域的高端人才、稀缺人才，通过聘用及跨国、跨地区交流等方式加以引进。充分利用现有各类人力资源培训机构和培训机制，将全民健身人才培养与各行业、各部门人才培训教育工作相衔接，畅通人才培养渠道，创新培养模式，加大对各行业、各领域健身人才的发掘、培养力度。

八是既要注重对人才的精神鼓励，又要注重对人才的物质奖励。通过定期评比、评选、认证和举办报告会、表彰会等方式，选拔优秀人才，褒奖先进人才，使全民健身人才成为受人尊重、享有较高社会地位的光荣群体。建立全民健身人才激励机制，对工作成效显著、社会反响好的先进典型人才、人才团队以及善于发现人才、培养人才的机关团体和组织领导者给予相应的物质奖励。将全民健身工作纳入各级领导干部考核体系，拓宽有突出贡献领导干部的任职和晋升通道，使其能在更重要岗位上有所作为。

在新型全民健身人才观指导下，加大对各级各类人才的发掘、培养、选拔和任用力度，到2020年，建立一支覆盖城乡大众、遍布各个领域、结构合理、多元包容的全民健身人才队伍体系，建成数据庞大、分类明晰、持续更新、动态监管的全民健身人才库，形成人人热衷健身事业、人人争当健身人才的良好局面，深入、持久推动全民健身工作的开展。

92. 如何创新全民健身人才培养模式?

“十三五”是我国体育全面改革创新发展的五年，为更好地推进全民健身改革发展，为更好地为百姓提供科学完善的全民健身公共服务，为更好地落实“十三五”全民健身计划的目标、任务，立足发展的视角，在继承和发扬全民健身现有人才培养模式经验成果的基础上，通过科学、系统、严谨的顶层设计和循序渐进的试点探索，积极探索新形势下的全民健身人才培养新机制，开辟人才培养新路径，总结人才培养新经验，创新人才培养模式，提升人才培养水平，以满足新时期开展全民健身工作的人才需求，从而为建设全民健身人才发展体系、提升全民健身治理能力和治理体系现代化水平奠定基础。做法具体如下。

一是培养机制创新。按照推动全民健身工作“杰”字型组织架构，设计相应的人才培养机制和评估机制，建立政府主导、部门联动、智库与社会组织共同参与的人才培养新机制。

二是培养主体创新。按照分层、分级、分类培养的原则开展人才培养工作，充分调动政府职能部门、体育协会、社会培训机构、民间体育组织等各类培训力量，针对不同层级、不同职能、不同阶段、不同水平的人才展开分类培训工作。培训对象既包括全民健身管理者和专职工作者，又包括志愿服务工作者和社会体育指导员；既包括高水平的专业骨干人才，又包括具有一技之长的草根人才、健身达人和健身运动带头人，以及全民健身智库、专家和相关社会机构人员等。

三是培养内容创新。针对培养对象的多元性，深化、细化培养内容，既注重技能培训又注重方法培训，既注重知识传播又注重道德养成，创建针对不同层级、不同职能、不同阶段、不同水平健身人才的培训课程，形成新的培训内容体系。

四是培养形式创新。在做好集中培训工作的基础上，积极探索外派培训、驻点培训、传帮带培训、示范演示培训、网络培训、以评代训等多种人才培训方式。充分利用大数据、云计算、互联网+、移动互联等现代科技信息手段，开展远程培训、即时培训，做到集中统一培训与个性化培训相结合，讲授式培训与体验式培训相结合，连贯式培训与碎片式培训相结合，短期培训与中长期培训相结合，全方位、立体化、动态式推进全民健身人才培训工作。

通过创新人才培养模式，到2020年，建立起科学合理、与新时期全民健身工作相适应的人才培训体系和评估激励机制，建设一批新的全民健身培训平台、培训机构和培训基地，形成一套专业的全民健身培训软件体系和培训课程体系，培养选拔一批全民健身优秀人才，建成一支涵盖组织、管理、研究、指导、志愿服务、宣传推广等方面的人才队伍，为全面实现全民健身目标任务提供有力支撑。

93. 为什么要加大对基层人员中榜样人物的培育工作和对民间健身领军示范人物的发掘与扶持力度?

全民健身工作的基层管理人员和工作人员身处一线，直接与健身群众打交道，是落实全民健身计划的重要力量。培育全民健身基层管理人员和工作人员中的榜样人物，有助于扩大全民健身工作影响力，推动基层全民健身工作顺利开展。发现和培育榜样人物，将真正扎根基层、在群众中有口皆碑的全民健身管理人员和工作人员挑选出来，进行表彰、宣传，有利于让真正为基层群众开展全民健身服务的榜样人物得到社会的认可，有利于激励更多的人服务于基层全民健身工作。

以社会体育指导员为代表的民间健身领军示范人物具有较高的体育健身技能，对群众参与体育锻炼有引领示范作用。民间健身领军人物出自于普通健身爱好者，无私奉献，不求名利，组织指导群众进行科学锻炼，在健身群众中间有较强的号召力。他们能及时了解健身群众的需求，可以承担政府部门交办的全民健身工作任务，是基层开展全民健身工作的骨干力量，是政府联系健身群众的纽带。从群众中发掘民间健身领军人物，加大扶持力度，可以进一步扩大全民健身工作影响力，激励更多的人参与全民健身志愿服务。

94. 为什么要将全民健身人才培养与综治、教育、人力资源社会保障、农业、文化、卫生计生、工会、残联等部门和单位的人才教育培训相衔接？

《计划》提出："将全民健身人才培养与综治、教育、人力资源社会保障、农业、文化、卫生计生、工会、残联等部门和单位的人才教育培训相衔接，畅通各类人才培养渠道。"主要是基于以下考虑：

首先，全民健身是一项社会事业，是一项系统工程。要切实完成好党和国家对于发展全民健身事业的总体要求，实现全民健身工作的健康持续发展，必须要各级政府、各相关部门、社会各界共同助力推动，形成"政府主导、部门协同、智库和社会组织等社会力量共同参与"的"大群体"工作格局。

其次，全民健身工作涉及不同的人群，在不同部门、不同工作领域均有体现。这就需要体育部门与综治、教育、人力资源社会保障、农业、文化、卫生计生、工会、残联等部门和单位加强协调和沟通，共同推动全民健身人才培养，协同推进全民健身工作。

再次，全民健身的主体集中在基层，不断增进人民福祉的关键点和着力点也在基层。大多数基层干部都身兼数职，这就需要他们同时具备开展各项工作所需的知识和能力。因此，体育部门与各相关部门在人才教育和培养方面要加强合作，有利于基层工作者掌握多种工作技能，更好地为群众开展服务。

95. 如何加大对社会化体育健身培训机构的扶持力度?

社会化体育健身培训机构是指由社会力量兴办的专门从事体育健身服务的实体性服务机构，包括社区健身俱乐部、体育活动中心、青少年体育俱乐部、社区健身会所和营利性健身俱乐部等。从性质来看，分为民政登记的非营利社会服务机构和工商登记的营利性健身俱乐部两种。按照国家相关政策办法并根据其性质采取分类指导、分类扶持办法促进发展。

一是优化政策环境。重点是切实落实国家及地方关于公平对待社会力量提供公共服务的相关文件精神和要求，优化体育类社会服务机构发展和发挥作用的政策环境，破解制约其发展的制度障碍，积极协调相关部门，落实税收减免、票据使用等配套政策，完善平等准入、公平竞争的政策环境，为社会化体育健身机构提供多方位支持。

二是加大培育扶持。鼓励、支持社会力量举办民政登记的体育类社会服务机构。结合政府职能转变，改革全民健身公共服务供给方式，推动政府向体育健身服务机构购买全民健身公益服务，通过政府购买服务、直接资助、以奖代补、公益创投等方式，支持社会化健身服务机构参与社区全民健身公共服务事务。推动体育社会组织服务平台建设，通过体育社会组织孵化基地、服务中心、行业自律组织、城乡社区等为社会化体育健身机构提供资金、场地、人才、技术、项目、信息等服务。

三是塑造服务品牌。高度重视和加强体育类社会服务机构的体育健身服务品牌塑造。体育部门应结合群众健身需求实际制定社会化体育健身服务机构塑造品牌活动规划，引导其树立品牌意识，完善品牌塑造计划，将塑造品牌贯穿于服务能力建设等组织发展和运作的全过程。引导体育类民办非企业单位强化宗旨意识，落实服务承诺，巩固品牌基础。鼓励体育类社会服务机构加强品牌宣传推广，提高品牌辨识度和社会知晓度。鼓励有条件的体育类社会服务机构申请注册服务商标，加强对体育类社会服务机构品牌的保护。

四是加强能力建设。健全法人治理结构，完善以章程为核心的内部治理机制，增强自律性和诚信度。鼓励体育类社会服务机构提高服务能力，创新服务模式，强化服务特色，增强服务的规范化、精细化、标准化，形成核心服务竞争力。鼓励体育类社会服务机构加强人力资源建设，提高人才队伍的专业化和职业化水平。推动建立采取公办民营、民办公助等方式，面向社区体育类社会服务机构，推动开放社区资源，为社区居民提供全民健身公共服务。

五是引导服务社会。引导体育类社会服务机构发挥专业优势，针对社会多元需求，提供多样化、专业化、高品质的社会服务，满足人民群众日益增长的社会服务需求。引导民办非企业单位根据组织宗旨，结合自身能力，积极履行社会责任，开展有规模、有影响的主题公益活动，为城乡基层社区、社会弱势群体提供形式多样、内容丰富、减免收费的公益服务，展示组织品牌，树立公益形象。鼓励民办非企业单位将有关公益服务经常化、制度化。

96. 目前有哪些全民健身相关的法律政策？如何贯彻落实？

党和国家历来高度重视全民健身，始终将提高人民群众的健康素质、满足人民群众不断增长的体育需求作为政府履行公共服务职能的重要体现，并通过有关法律、行政法规和规范性文件，对与人民群众参与健身活动密切相关的体育设施、健身指导、安全要求等方面提出明确要求，提供法律保障。这些法律、行政法规和规范性文件互为补充，从不同层面、多个角度对全民健身进行规范，构建了全民健身的法规体系。

1995年中华人民共和国主席令第55号发布《中华人民共和国体育法》，明确国家发展体育事业的目标之一是提高全民族身体素质，并设置社会体育和学校体育专章对发展全民健身事业予以规范。就青少年学生和体育设施这两个全民健身工作中的重要方面，国务院先后发布《学校体育工作条例》和《公共文化体育设施条例》，做出了专门规定。

2009年国务院制定《条例》，从保障人民群众在全民健身活动中的合法权益、促进全民健身活动开展的角度出发，对全民健身涉及的各方面进行了规范，是我国第一部专门针对全民健身的、系统全面的行政法规。随后，部分省市依据国务院《条例》，制定和颁布了地方《条例》。

《全民健身计划》是统领全民健身事业的总体规划，国务院先后印发的《纲要》、“十二五”《计划》和《计划》，明确了不同时期全民健身工作的目标、任务、措施和保障手段。根据《条例》要求，县级以上地方人民政府根据本地区的实际情况制定本行政区域的全民健身实施计划。

涉及全民健身的法律法规中，都有相应的法律责任条款，对违反相应规定的行为设置了法律责任。《体育法》规定：“侵占、破坏公共体育设施的，由体育行政部门责令限期改正，并依法承担民事责任……违反治安管理的，由公安机关依照治安管理处罚条例的有关规定给予处罚；构成犯罪的，依法追究刑事责任。”《学校体育工作条例》明确，对未保证学生每天一小时体育活动时间（含体育课）的单位或者个人，由当地教育行政部门令其限期改正，并视情节轻重对直接责任人员给予批评教育或者行政处分。《公共文化体育设施条例》不仅对公共体育设施管理单位违反条例的行为规定了应当承担的法律责任，而且对有关的监督管理行政部门违反条例的行为也规定了应当承担的法律责任。《学校体育工作条例》主要规定了学校、高危险性体育项目经营者、行政机关工作人员等违反条例规定而应当承担的法律责任等。

党的十八届四中全会《中共中央关于全面推进依法治国若干重大问题的决定》指出，法律的生命力在于实施，法律的权威也在于实施。贯彻落实好全民健身法律法规，要做到：第一，要加大宣传力度，使各级政府和有关部门深刻把握并切实履行发展全民健身事业的义务，让人民群众知晓自己在全民健身活动中的权利；第二，要认真梳理法律、法规和法规性文件，将各项规定分解、细化为具体的措施；第三，加强对法律法规和法规性文件的监督检查，依法追究违法违规行为，在全社会营造人人知法、守法的良好法治环境。

DI WU PIAN ZU ZHI SHI SHI

第五篇 组织实施

97. 如何建立完善实施全民健身计划的组织领导协调机制?

实施全民健身计划的组织领导协调机制是指参与全民健身工作的各类组织的总体架构，包括决策层、领导层、执行层、落实层四个层级和主导（各级政府）、辅助（各级智库与各级社会组织）两类机构。“十三五”全民健身组织架构是一个主辅明确、层级清晰、侧重基层的组织架构，四个层级分别如下。①决策层：国务院，对全民健身工作中的性质性、全局性、方向性的重大问题进行决策；②领导层：由三部分构成，分别为国家体育总局、各部委相关部门组成的联席会议、国家层面的各类全民健身研发中心；③执行层：以各级政府为主导，以智库和社会组织为辅助，开展全民健身工作；④落实层：在街道和乡镇层面，以健康促进服务中心为抓手，落实全民健身工作。

98. 什么是功能完善的综合性基层公共服务载体?

综合性基层公共服务载体是在街道（乡镇）和社区（村）建设的集宣传文化、党员教育、科学普及、普法教育、体育健身等功能于一体，资源充足、设备齐全、服务规范、保障有力、群众满意度较高的综合性公共设施和场所。基层综合性文化服务中心、健康促进服务中心等都是典型代表。

国务院办公厅于2015年10月印发《关于推进基层综合性文化服务中心建设的指导意见》，提出到2020年，全国范围的乡镇（街道）和村（社区）普遍形成一套符合实际、运行良好的管理体制和运行机制，建立一支扎根基层、专兼职结合、综合素质高的基层文化队伍，使基层综合性文化服务中心成为我国文化建设的重要阵地和提供公共服务的综合平台，成为党和政府联系群众的桥梁和纽带，成为基层党组织凝聚、服务群众的重要载体。

《计划》提出：“以健康为主题，整合基层宣传、卫生计生、文化、教育、民政、养老、残联、旅游等部门相关工作，在街道、乡镇层面探索建设健康促进服务中心。”它是以健身为核心，以促进百姓身心健康为目的而配置的服务型事业机构，是最贴近百姓、直接服务百姓的综合性基层公共服务组织，也是贯彻落实习近平总书记提出的推动全民健身与全民健康深度融合要求的重要抓手。

99. 如何严格过程监管与绩效评估？

针对过程监管而言，主要从三个方面进行。第一，对权力运用的监督，即对是否滥用行政委托的管辖权及是否权力过分集中等问题的监督。第二，通过对体育管理人员及体育组织骨干的考核，监督其在服务过程中的行为。第三，通过增加服务过程中的透明度来监督体育服务。建立包括互联网、电话热线、市民信箱等多渠道信息沟通网，市民可以通过全民健身公共体育服务平台，查询体育信息、寻求体育服务，如果在接受服务过程中有不满意的地方也可以通过服务平台进行投诉和建议。该平台采用首问负责制，市民只要提出诉求，接收单位就应负责解答和解决问题。

加强绩效评估。全民健身公共体育服务体系的核心功能是为群众提供基本的公共体育产品和服务，群众的参与度和满意度是衡量公共体育服务体系是否完善、有效和合理的重要标准，因此必须建立市民参与公共体育服务体系绩效评估的机制。

一是完善社会公众参与评估的途径，通过公众接触、公开听证、民意调查、咨询委员会、利益代表协商等方式，保证评估的客观公正、公开透明度和可信度。

二是建立社会公众知晓、参与、评价的评估办法，尽可能满足社会公众的知情、问责、监督权，以考查社会公众对全民健身公共体育服务的满意度和公众体育需求的变化。

三是建立简便快捷的通道，与先进的网络和信息技术相结合，运用不同的评价方式和方法技术，方便公众参与全民健身活动的决策、监督和信息反馈。

四是引入第三方评估机制，使得评估更具有公正性和公信力。

五是建立规范的各阶层对话、交流的协商机制，帮助各阶层的体育需求能够通过正常的渠道及时表达。

100. 在《全民健身计划（2016—2020年）》实施环节应把握哪些新变化和关键点?

要使《计划》更好地落到实处，重点在于各级政府和体育行政部门在工作中准确把握五个方面的转变：一是全民健身由表象发展向内涵式发展转变；二是由注重眼前短期效应向注重长远战略效应转变；三是由注重体育的单一价值向注重体育的综合价值转变；四是由碎片化、单一化的工作向多元化、体系化的工作转变；五是由重硬件建设向软硬件协调推进、全面发展转变。同时，在工作推进中，还要牢牢抓住以下三个关键点。

（1）关键核心：无论是在全民健身顶层设计中，还是在具体的健身场地设施建设、健身活动开展、健身组织培育，以及实施效果评估等各个环节，都要围绕如何实现百姓全面健康这个关键核心，来统筹谋划和开展工作。

（2）关键方法：在全民健身工作中，要善于掌握和运用“立体构建、整合推进、动态实施”的方法，并与地方实际结合，全面考虑工作，合力推进工作，因时、因地、因需调整工作，确保工作顺利推进。

（3）关键组织：充分发挥智库和社会组织作用，智库为全民健身工作提供决策咨询、调研分析、战略规划、标准制定、方案策划设计和落实，以及人才培训、宣传推广等服务；社会组织提供日常体育健身活动的引导、培训、组织和体育赛事活动的承办等服务，共同推进全民健身工作的有效落实。

附件1

全民健身计划（2016—2020年）

全民健康是国家综合实力的重要体现，是经济社会发展进步的重要标志。全民健身是实现全民健康的重要途径和手段，是全体人民增强体魄、幸福生活的基础保障。实施全民健身计划是国家的重要发展战略。在党中央、国务院正确领导下，过去五年，经过各地各有关部门和社会各界的共同努力，覆盖城乡、比较健全的全民健身公共服务体系基本形成，为提供更加完备公共体育服务、建设体育强国奠定坚实基础。今后五年，面对人民群众日益增长的体育健身需求、全面建成小康社会的目标要求、推动健康中国建设的机遇挑战，需要更加准确把握新时期全民健身发展内涵的深刻变化，不断开拓发展新境界，使其成为健康中国建设的有力支撑和全面建成小康社会的国家名片。为实施全民健身国家战略，提高全民族的身体素质和健康水平，制定本计划。

一、总体要求

（一）指导思想。全面贯彻党的十八大和十八届三中、四中、五中全会精神，紧紧围绕“四个全面”战略布局和党中央、国务院决策部署，牢固树立和贯彻落实创新、协调、绿色、开放、共享的发展理念，以增强人民体质、提高健康水平为根本目标，以满足人民群众日益增长的多元化体育健身需求为出发点和落脚点，坚持以人为本、改革创新、依法治体、确保基本、多元互促、注重实效的工作原则，通过立体构建、整合推进、动态实施，统筹建设全民健身公共服务体系和产业链、生态圈，提升全民健身现代治理能力，为全面建成小康社会贡献力量，为实现中华民族伟大复兴的中国梦奠定坚实基础。

（二）发展目标。到2020年，群众体育健身意识普遍增强，参加体育锻炼的人数明显增加，每周参加1次及以上体育锻炼的人数达到7亿，经常参加体育锻炼的人数达到4.35亿，群众身体素质稳步增强。全民健身的教育、经济和社会等功能充分发挥，与各项社会事业互促发展的局面基本形成，体育消费总规模达到1.5万亿元，全民健身成为促进体育产业发展、拉动内需和形成新的经济增长点的动力源。支撑国家发展目标、与全面建成小康社会相适应的全民健身公共服务体系日趋完善，政府主导、部门协同、全社会共同参与的全民健身事业发展格局更加明晰。

二、主要任务

（三）弘扬体育文化，促进人的全面发展。普及健身知识，宣传健身效果，弘扬健康新理念，把身心健康作为个人全面发展和适应社会的重要能力，树立以参与体育健身、拥有强健体魄为荣的个人发展理念，营造良好舆论氛围，通过体育健身提高个人的团队协作能力。引导发挥体育健身对形成健康文明生活方式的作用，树立人人爱锻炼、会锻炼、勤锻炼、重规则、讲诚信、争贡献、乐分享的良好社会风尚。

将体育文化融入体育健身的全周期和全过程，以举办体育赛事活动为抓手，大力宣传运动项目文化，弘扬奥林匹克精神和中华体育精神，挖掘传承传统体育文化，发挥区域特色文化遗产的作用。树立全民健身榜样，讲述全民健身故事，传播社会正能量，发挥体育文化在践行社会主义核心价值观、弘扬中华民族传统美德、传承人类优秀文明成果和提升国家软实力等方面的独特价值和作用。

（四）开展全民健身活动，提供丰富多彩的活动供给。因时因地因需开展群众身边的健身活动，分层分类引导运动项目发展，丰富和完善全民健身活动体系。大力发展健身跑、健步走、骑行、登山、徒步、游泳、球类、广场舞等群众喜闻乐见的运动项目，积极培育帆船、击剑、赛车、马术、极限运动、航空等具有消费引领特征的时尚休闲运动项目，扶持推广武术、太极拳、健身气功等民族民俗民间传统和乡村农味农趣运动项目，鼓励开发适合不同人群、不同地域和不同行业特点的特色运动项目。

激发市场活力，为社会力量举办全民健身活动创造便利条件，发挥网络等新兴活动组织渠道的作用，完善业余体育竞赛体系。鼓励举办不同层次和类型的全民健身运动会，设立残疾人组别，促进健全人与残疾人体育运动融合开展。支持各地、各行业结合地域文化、农耕文化、旅游休闲等资源，打造具有区域特色、行业特点、影响力大、可持续性强的品牌赛事活动。推动各级各类体育赛事的成果惠及更多群众，促进竞技体育与群众体育全面协调发展。重视发挥健身骨干在开展全民健身活动中的作用，引导、服务、规范全民健身活动健康发展。

（五）推进体育社会组织改革，激发全民健身活力。按照社会组织改革发展的总体要求，加快推动体育社会组织成为政社分开、权责明确、依法自治的现代社会组织，引导体育社会组织向独立法人组织转变，推动其社会化、法治化、高效化发展，提高体育社会组织承接全民健身服务的能力和质量。

积极发挥全国性体育社会组织在开展全民健身活动、提供专业指导服务等方面的龙头示范作用。加强各级体育总会作为枢纽型体育社会组织的建设，带动各级各类单项、行业和人群体育组织开展全民健身活动。加强对基层文化体育组织的指导服务，重点培育发展在基层开展体育活动的城乡社区服务类社会组织，鼓励基层文化体育组织依法依规进行登记。推进体育社会组织品牌化发展并在社区建设中发挥作用，形成架构清晰、类型多样、服务多元、竞争有序的现代体育社会组织发展新局面。

（六）统筹建设全民健身场地设施，方便群众就近就便健身。按照配置均衡、规模适当、方便实用、安全合理的原则，科学规划和统筹建设全民健身场地设施。推动公共体育设施建设，着力构建县（市、区）、乡镇（街道）、行政村（社区）三级群众身边的全民健身设施网络和城市社区15分钟健身圈，人均体育场地面积达到1.8平方米，改善各类公共体育设施的无障碍条件。

有效扩大增量资源，重点建设一批便民利民的中小型体育场馆，建设县级体育场、全民健身中心、社区多功能运动场等场地设施，结合基层综合性文化服务中心、农村社区综合服务设施建设及区域特点，继续实施农民体育健身工程，实现行政村健身设施全覆盖。新建居住区和社区要严格落实按“室内人均建筑面积不低于0.1平方米或室外人均用地不低于0.3平方米”标准配建全民健身设施的要求，确保与住宅区主体工程同步设计、同步施工、同步验收、同步投入使用，不得挪用或侵占。老城区与已建成居住区无全民健身场地设施或现有场地设施未达到规划建设指标要求的，要因地制宜配建全民健身场地设施。充分利用旧厂房、仓库、老旧商业设施、农村“四荒”（荒山、荒沟、荒丘、荒滩）和空闲地等闲置资源，改造建设为全民健身场地设施，合理做好城乡空间的二次利用，推广多功能、季节性、可移动、可拆卸、绿色环保的健身设施。利用社会资金，结合国家主体功能区、风景名胜区、国家公园、旅游景区和新农村的规划与建设，合理利用景区、郊野公园、城市公园、公共绿地、广场及城市空置场所建设休闲健身场地设施。

进一步盘活存量资源，做好已建全民健身场地设施的使用、管理和提档升级，鼓励社会力量参与现有场地设施的管理运营。完善大型体育场馆免费或低收费开放政策，研究制定相关政策鼓励中小型体育场馆免费或低收费开放。确保公共体育场地设施和符合开放条件的企事业单位、学校体育场地设施向社会开放。

（七）发挥全民健身多元功能，形成服务大局、互促共进的发展格局。结合“健康中国2030”等总体发展战略，以及科技、教育、文化、卫生、养老、助残等事业发展，统筹谋划全民健身重大项目工程，发挥全民健身在促进素质教育、文化繁荣、社会包容、民生改善、民族团结、健身消费和大众创业、万众创新等方面的积极作用。

充分发挥全民健身对发展体育产业的推动作用，扩大与全民健身相关的体育健身休闲活动、体育竞赛表演活动、体育场馆服务、体育培训与教育、体育用品及相关产品制造和销售等体育产业规模，使健身服务业在体育产业中所占比重不断提高。鼓励发展健身信息聚合、智能健身硬件、健身在线培训教育等全民健身新业态。充分利用“互联网+”等技术开拓全民健身产品制造领域和消费市场，使体育消费在居民消费支出中所占比重不断提高。

（八）拓展国际大众体育交流，引领全民健身开放发展。坚持“请进来、走出去”，拓展全民健身理论、项目、人才、设备等国际交流渠道，推动全民健身向更高层次发展。

搭建全民健身国际交流平台，加强国际间互动交流。传播和推广全民健身发展过程中的中国理念、中国故事、中国人物、中国标准、中国产品，发出中国声音，提升国际影响力，有效发挥全民健身在推广中国文化、提升国家形象和增强国家软实力等方面的独特作用。

（九）强化全民健身发展重点，着力推动基本公共体育服务均等化和重点人群、项目发展。依法保障基本公共体育服务，推动基本公共体育服务向农村延伸，以乡镇、农村社区为重点促进基本公共体育服务均等化。坚持普惠性、保基本、兜底线、可持续、因地制宜的原则，重点扶持革命老区、民族地区、边疆地区、贫困地区发展全民健身事业。

将青少年作为实施全民健身计划的重点人群，大力普及青少年体育活动，提高青少年身体素质。加强学校体育教育，将提高青少年的体育素养和养成健康行为方式作为学校教育的重要内容，保证学生在校的体育场地和锻炼时间，把学生体质健康水平纳入工作考核体系，加强学校体育工作绩效评估和行政问责。全面实施青少年体育活动促进计划，积极发挥“青少年阳光体育大会”等青少年体育品牌活动的示范引领作用，使青少年提升身体素质、掌握运动技能、培养锻炼兴趣，形成终身体育健身的良好习惯。推进老年宜居环境建设，统筹规划建设公益性老年健身体育设施，加强社区养老服务设施与社区体育设施的功能衔接，提高使用率，支持社区利用公共服务设施和社会场所组织开展适合老年人的体育健身活动，为老年人健身提供科学指导。进一步加大对国家全民健身助残工程的支持力度，采取优惠政策，推动残疾人康复体育和健身体育广泛开展。开展职工、农民、妇女、幼儿体育，推动将外来务工人员公共体育服务纳入属地供给体系。加大对社区矫正人员等特殊人群的全民健身服务供给，使其享受更多社会关爱，在融入社会方面增加获得感和满足感。

加快发展足球运动和冰雪运动。着力加大足球场地供给，把建设足球场地纳入城镇化和新农村建设总体规划，因地制宜鼓励社会力量建设小型、多样化的足球场地。广泛开展校园足球活动，抓紧完善常态化、纵横贯通的大学、高中、初中、小学四级足球竞赛体系。积极倡导和组织行业、社区、企业、部队、残疾人、中老年、五人制、沙滩足球等形式多样的民间足球活动，举办多层级足球赛事，不断扩大足球人口规模，促进足球运动蓬勃发展。大力推广普及冰雪运动，利用筹备和举办北京2022年冬奥会和冬残奥会的契机，实施群众冬季运动推广普及计划。支持各地建设和改建多功能冰场和雪场，引导社会力量进入冰雪运动领域，推进冰雪运动进景区、进商场、进社区、进学校，扶持花样滑冰、冰球、高山滑雪等具有一定群众基础的冰雪健身休闲项目，打造品牌冰雪运动俱乐部、冰雪运动院校和一系列观赏性强、群众参与度高的品牌赛事活动。积极培育冰雪设备和运动装备产业，推动其发展壮大。鼓励各地依托当地自然人文资源开展形式多样的冰雪运动，实现3亿人参与冰雪运动，使冰雪运动的群众基础更加坚实。

三、保障措施

（十）完善全民健身工作机制。通过强化政府主导、部门协同、全社会共同参与的全民健身组织架构，推动各项工作顺利开展。政府要按照科学统筹、合理布局的原则，做好宏观管理、政策制定、资源整合分配、工作监督评估和协调跨部门联动；各有关部门要将全民健身工作与现有政策、目标、任务相对接，按照职责分工制定工作规划、落实工作任务；智库可为有关全民健身的重要工作、重大项目提供咨询服务，并在顶层设计和工作落实中发挥作用；社会组织可在日常体育健身活动的引导、培训、组织和体育赛事活动的承办等方面发挥作用，积极参与全民健身公共服务体系建设。以健康为主题，整合基层宣传、卫生计生、文化、教育、民政、养老、残联、旅游等部门相关工作，在街道、乡镇层面探索建设健康促进服务中心。

（十一）加大资金投入与保障。建立多元化资金筹集机制，优化投融资引导政策，推动落实财税等各项优惠政策。县级以上地方人民政府应当将全民健身工作相关经费纳入财政预算，并随着国民经济的发展逐步增加对全民健身的投入。安排一定比例的彩票公益金等财政资金，通过设立体育场地设施建设专项投资基金和政府购买服务等方式，鼓励社会力量投资建设体育场地设施，支持群众健身消费。依据政府购买服务总体要求和有关规定，制定政府购买全民健身公共服务的目录、办法及实施细则，加大对基层健身组织和健身赛事活动等的购买比重。完善中央转移支付方式，鼓励和引导地方政府加大对全民健身的财政投入。落实好公益性捐赠税前扣除政策，引导公众对全民健身事业进行捐赠。社会力量通过公益性社会组织或县级以上人民政府及其部门用于全民健身事业的公益性捐赠，符合税法规定的部分，可在计算企业所得税和个人所得税时依法从其应纳税所得额中扣除。

（十二）建立全民健身评价体系。制定全民健身相关规范和评价标准，建立政府、社会、专家等多方力量共同组成的工作平台，采用多层级、多主体、多方位的方式对全民健身发展水平进行立体评估，注重发挥各类媒体的监督作用。把全民健身评价指标纳入精神文明建设以及全国文明城市、文明村镇、文明单位、文明家庭和文明校园创建的内容，将全民健身公共服务相关内容纳入国家基本公共服务和现代公共文化服务体系。进一步明确全民健身发展的核心指标、评价标准和测评方法，为衡量各地全民健身发展水平提供科学依据。出台全国全民健身公共服务体系建设指导标准，鼓励各地结合实际制定全民健身公共服务体系建设地方标准，推进全民健身基本公共服务均等化、标准化。鼓励各地依托特色资源，积极创建体育特色城市、体育生活化街道（乡镇）和体育生活化社区（村）。继续完善全民健身统计制度，做好体育场地普查、国民体质监测以及全民健身活动状况调查数据分析，结合卫生计生部门的营养与慢性病状况调查等，推进全民健身科学决策。

（十三）创新全民健身激励机制。搭建更加适应时代发展需求的全民健身激励平台，拓展激励范围，有效调动城乡基层单位和个人的积极性，发挥典型示范带动作用。推行《国家体育锻炼标准》，颁发体育锻炼标准证书、证章，有条件的地方可通过试行向特定人群或在特定时段发放体育健身消费券等方式，建立多渠道、市场化的全民健身激励机制。鼓励对体育组织、体育场馆、全民健身品牌赛事和活动等的名称、标志等无形资产的开发和运用，引导开发科技含量高、拥有自主知识产权的全民健身产品，提高产品附加值。对支持和参与全民健身、在实施全民健身计划中作出突出贡献的组织机构和个人进行表彰。

（十四）强化全民健身科技创新。制定并实施运动促进健康科技行动计划，推广“运动是良医”等理念，提高全民健身方法和手段的科技含量。开展国民体质测试，开发应用国民体质健康监测大数据，研究制定并推广普及健身指导方案、运动处方库和中国人体育健身活动指南，开展运动风险评估，大力开展科学健身指导，提高群众的科学健身意识、素养和能力水平。推动移动互联网、云计算、大数据、物联网等现代信息技术手段与全民健身相结合，建设全民健身管理资源库、服务资源库和公共服务信息平台，使全民健身服务更加便捷、高效、精准。利用大数据技术及时分析经常参加体育锻炼人数、体育设施利用率，进行运动健身效果综合评价，提高全民健身指导水平和全民健身设施监管效率。推进全民健身场地设施创新，促进全民健身场地设施升级换代，为群众提供更加便利、科学、安全、灵活、无障碍的健身场地设施。积极支持体育用品制造业创新发展，采用新技术、新材料、新工艺，提高产品科技含量，增加产品品种，提升体育用品的质量水平和品牌影响力。鼓励企业参与全民健身科技创新平台和科学健身指导平台建设，加强全民健身科学研究和科学健身指导。

（十五）加强全民健身人才队伍建设。树立新型全民健身人才观，发挥人才在推动全民健身中的基础性、先导性作用，努力培养适应全民健身发展需要的组织、管理、研究、健康指导、志愿服务、宣传推广等方面的人才队伍。创新全民健身人才培养模式，加大对民间健身领军示范人物的发掘和扶持力度，重视对基层管理人员和工作人员中榜样人物的培育。将全民健身人才培养与综治、教育、人力资源社会保障、农业、文化、卫生计生、工会、残联等部门和单位的人才教育培训相衔接，畅通各类人才培养渠道。加强竞技体育与全民健身人才队伍的互联互通，形成全民健身与学校体育、竞技体育后备人才培养工作的良性互动局面，为各类体育人才培养和发挥作用创造条件。发挥互联网等科技手段在人才培训中的作用，加大对社会化体育健身培训机构的扶持力度。

（十六）完善法律政策保障。推动在《中华人民共和国体育法》修订过程中进一步完善全民健身的相关内容，依法保障公民的体育健身权利。

推动加快地方全民健身立法，加强全民健身与精神文明、社区服务、公共文化、健康、卫生、旅游、科技、养老、助残等相关制度建设的统筹协调，完善健身消费政策，将加快全民健身相关产业与消费发展纳入体育产业和其他相关产业政策体系。建立健全全民健身执法机制和执法体系，做好全民健身中的纠纷预防与化解工作，利用社会资源提供多样化的全民健身法律服务。完善规划与土地政策，将体育场地设施用地纳入城乡规划、土地利用总体规划和年度用地计划，合理安排体育用地。鼓励保险机构创新开发与全民健身相关的保险产品，为举办和参与全民健身活动提供全面风险保障。

四、组织实施

（十七）加强组织领导与协调。各地要加强对全民健身事业的组织领导，建立完善实施全民健身计划的组织领导协调机制，确保全民健身国家战略深入推进。要把全民健身公共服务体系建设摆在重要位置，纳入当地国民经济和社会发展规划及基本公共服务发展规划，把相关重点工作纳入政府年度民生实事加以推进和考核，构建功能完善的综合性基层公共服务载体。

（十八）严格过程监管与绩效评估。县级以上地方人民政府要制定本地《全民健身实施计划（2016—2020年）》，做好任务分工和监督检查，并在2020年对《全民健身实施计划（2016—2020年）》实施情况进行全面评估。建立全民健身公共服务绩效评估指标体系，定期开展第三方评估和社会满意度调查，对重点目标、重大项目的实施进度和全民健身实施计划推进情况进行专项评估，形成包括媒体在内的多方监督机制。

附件2

《全民健身计划（2016—2020年）》起草工作大事记

1. 2014年9月19日，组织召开《计划》研制工作务虚会。邀请国家发改委社会发展研究所、北京市体育局、上海市体育总会相关领导和部分全民健身专家委员会专家，讨论《计划》研制工作思路和重点。在听取各方意见的基础上，提出了《计划》研制工作组织机构和人员名单建议，初步明确了各工作阶段任务。

2. 2014年9月22日，成立起草小组。为了增强《计划》研制工作的系统性、科学性、实践性和前瞻性，拟在研制工作前期开展10项重要题目的专项研究，为起草《计划》提供支撑和依据。

3. 2014年9月27日，体育总局群体司司务会专题研究《计划》研制工作方案。9月28日，向体育总局领导报送《关于〈全民健身计划（2016—2020年）〉研制工作有关问题的请示》。

4. 2014年9月30日，国家体育总局体育科学研究所、北京体育大学、上海市体育总会等单位开展《计划》研制前的10个专题研究。10个题目分别为：

（1）《计划》发展环境研究；

（2）国际大众体育发展经验比较研究；

（3）全民健身公共服务体系研究；

（4）更好地发挥体育社会组织作用研究；

（5）更好地发挥市场在群众体育发展中作用研究；

（6）群众体育发展问题和需求研究；

（7）《计划》撰写的框架结构研究；

（8）“十三五”公共体育设施规划研究；

（9）调动社会力量积极开展全民健身活动研究；

（10）新周期计划指标体系研究。

5. 2014年10月15日，体育总局领导在《〈关于全民健身计划（2016—2020年）〉研制工作有关问题的请示》上批示：新计划应重点研究新常态下全民健身工作该做什么和用什么方式去做，这也是体现新时期要求政府转变职能的最基本内容。

6. 2015年3月6日，召开起草小组第一次工作推进会。起草小组集体学习总局领导批示，研讨新周期《计划》总体思路，请各位专家继续抓紧完成本人具体负责的专项研究，并对其他主题的研究报告提出具体修改完善意见。起草小组各位专家和综合处围绕新周期《计划》的定位、框架和思路，下一个5年群众体育工作的总体目标和任务，措施和路径这三个问题思考并提出文字意见。

7. 2015年3月16日，体育总局领导在《关于审定〈全民健身计划（2016—2020年）〉起草小组工作会议纪要》上批示：要抓紧这项工作，要放在国家战略的高度看这个周期的全民健身计划工作。

8. 2015年3月27日，召开起草小组第二次工作推进会，研讨《计划》的定位、框架、思路、总体目标、措施和路径。会议确定，尽快整理出讨论的成果，吸收各位专家意见，在3月31日之前形成新周期《计划》的基本框架。会议要求各位专家在4月1日前，提出对10项专题的研究报告的文字意见。

9. 2015年7月20日，在总结“十二五”《计划》实施效果评估结果、参考全民健身活动状况调查和国民体质监测结果的基础上，形成了《计划》（第一稿）。

10. 2015年7月20—21日，召开起草小组第三次工作推进会，讨论《计划》的定位、指导思想和写作原则等问题，进一步明确《计划》的总体方向，决定尽快撰写起草说明。

11. 2015年7月24日，召开起草小组第四次工作推进会，讨论《计划》（第一稿），明确7月31日前撰写完成起草说明，并修改完善《计划》（框架）。

12. 2015年8月4日，将起草说明和《计划》（框架）发至全民健身委员会专家征求意见。8月10日，整理专家反馈意见，形成起草说明和《计划》（框架）修改稿，8月11—12日，起草小组逐条讨论专家意见，提出处理意见，形成《计划》（第二稿）。

13. 2015年8月12日，体育总局召开《计划》研制工作领导小组会议，听取计划研制工作进展情况，部署下一步工作。

14. 2015年8月17日，起草小组根据领导小组会议意见修改形成《计划》（第三稿）。

15. 2015年8月19日，为发挥社会力量参与《计划》编写，由社会力量成立起草二组，开展《计划》编制工作。

16. 2015年8月19日，起草小组讨论《计划》（第三稿）；8月20日，完善第三稿后征求各省（区、市）、计划单列市、新疆兵团、行业体协、体育总局厅司局、直属单位的意见。

17. 2015年8月21—26日，起草小组完成《计划》（第四稿）的撰写。

18. 2015年8月27日，召开基层体育局长研讨会，听取基层体育行政部门“十二五”期间贯彻实施《计划》情况和制约全民健身事业发展的关键问题，研究探讨如何上下联动创新《计划》研究制订和贯彻落实工作的新机制。

19. 2015年9月10日，体育总局局长办公会听取《计划》研制工作情况进展汇报，提出意见和建议。

20. 2015年9月17日，向各省（区、市）体育局印发《关于切实做好各级全民健身实施计划研制工作的通知》。

21. 2015年9月18日，向社会公开征集对研制《计划》的意见。

22. 2015年9月21日，召开起草小组会议，讨论《计划》写作分工，形成《计划》（第五稿）。

23. 2015年9月25、28日和10月12日，体育总局走访工业和信息化部、科技部、国家卫生计生委和中央综合治理办公室，上门听取对《计划》的意见和建议。

24. 2015年10月25日，结合向社会公开征集意见反馈情况和各责任方根据分工提供的文稿，形成《计划》（第六稿）。

25. 2015年11月5日，形成《计划》（第七稿）。

26. 2015年11月7—8日，两个起草小组共同讨论。11月10日，结合两个起草小组意见，形成《计划》（第八稿）。

27. 2015年11月11—14日，两个起草组逐段讨论《计划》（第八稿），16日修改形成《计划》（第九稿）。

28. 2015年11月20日，召开专家征求意见会，11月24日修改形成《计划》（第十稿）。

29. 2015年11月26日，召开部分省市体育局局长、处长征求意见会，11月30日修改形成《计划》（第十一稿）。

30. 2015年12月3日，召开社会各界（媒体和商界）代表征求意见会，12月11日修改形成《计划》（第十二稿）。

31. 2015年12月15日，召开体育界在京政协委员征求意见会，12月20日修改形成《计划》（第十三稿）。

32. 2015年12月21、23日，分别听取总局领导意见，12月25日修改形成《计划》（第十四稿）。作为全国体育局长会议讨论文件。

33. 2016年1月5日，发函征求31个中央、国务院相关部委意见。

34. 2016年1月14—15日，召开《计划》研制工作联系点研制工作推进会。

35. 2016年1月25、28日和2月1日，召开《全民健身实施计划（2016—2020年）》研制工作片区会议，吸收省市经验，推进省级《实施计划》研制工作。

36. 2016年1月21—27日，征求体育总局相关司局的意见；1月31日结合部委和司局反馈意见修改形成《计划》（第十五稿）。

37. 2016年2月17日，召开总局系统《计划》征求意见会，体育总局相关司局和直属单位参加会议，2月18日结合提出意见修改形成《计划》（第十六稿）。

38. 2016年2月19日，召集专家针对体育消费目标测算进行论证，提出依据。

39. 2016年3月4日，体育总局局长办公会研究《计划》报送稿，决定将《计划》（代拟稿）正式报国务院审定。

40. 2016年3月10日《计划》（代拟稿）正式报送国务院。

41. 2016年4月13日，体育总局对各部委意见进行了认真梳理和研究，对《计划》（送审稿）进行了针对性修改。

42. 2016年4月19日，体育总局正式向国务院报送《关于建议国务院印发〈全民健身计划（2016—2020年）〉的请示》。

43. 2016年6月15日，国务院正式印发《计划》。

44. 2016年6月23日，刘鹏局长在国务院新闻办召开贯彻落实《计划》新闻发布会。

附件3

国务院及有关部门
全民健身重点相关政策摘录

1.《国务院关于加快发展养老服务业的若干意见》（国发〔2013〕35号）

二、主要任务

（一）统筹规划发展城市养老服务设施。

综合发挥多种设施作用。各地要发挥社区公共服务设施的养老服务功能，加强社区养老服务设施与社区服务中心（服务站）及社区卫生、文化、体育等设施的功能衔接，提高使用率，发挥综合效益。要支持和引导各类社会主体参与社区综合服务设施建设、运营和管理，提供养老服务。各类具有为老年人服务功能的设施都要向老年人开放。

（二）大力发展居家养老服务网络。

发展老年人文体娱乐服务。地方政府要支持社区利用社区公共服务设施和社会场所组织开展适合老年人的群众性文化体育娱乐活动，并发挥群众组织和个人积极性。鼓励专业养老机构利用自身资源优势，培训和指导社区养老服务组织和人员。

（五）繁荣养老服务消费市场。

拓展养老服务内容。各地要积极发展养老服务业，引导养老服务企业和机构优先满足老年人基本服务需求，鼓励和引导相关行业积极拓展适合老年人特点的文化娱乐、体育健身、休闲旅游、健康服务、精神慰藉、法律服务等服务，加强残障老年人专业化服务。

2.《国务院关于促进健康服务业发展的若干意见》（国发〔2013〕40号）

二、主要任务

（五）支持发展多样化健康服务。发展全民体育健身。进一步开展全民健身运动，宣传、普及科学健身知识，提高人民群众体育健身意识，引导体育健身消费。加强基层多功能群众健身设施建设，到2020年，80%以上的市（地）、县（市、区）建有“全民健身活动中心”，70%以上的街道（乡镇）、社区（行政村）建有便捷、实用的体育健身设施。采取措施推动体育场馆、学校体育设施等向社会开放。支持和引导社会力量参与体育场馆的建设和运营管理。鼓励发展多种形式的体育健身俱乐部和体育健身组织，以及运动健身培训、健身指导咨询等服务。大力支持青少年、儿童体育健身，鼓励发展适合其成长特点的体育健身服务。

3.《中共中央国务院关于印发〈国家新型城镇化规划（2014—2020年）〉的通知》（中发〔2014〕4号）

第十六章　提升城市基本公共服务水平

第三节　完善基本公共服务体系

根据城镇常住人口增长趋势和空间分布，统筹布局建设学校、医疗卫生机构、文化设施、体育场所等公共服务设施。优化学校布局和建设规模，合理配置中小学和幼儿园资源。加强社区卫生服务机构建设，健全与医院分工协作、双向转诊的城市医疗服务体系。完善重大疾病防控、妇幼保健等专业公共卫生和计划生育服务网络。加强公共文化、公共体育、就业服务、社保经办和便民利民服务设施建设。创新公共服务供给方式，引入市场机制，扩大政府购买服务规模，实现供给主体和方式多元化，根据经济社会发展状况和财力水平，逐步提高城镇居民基本公共服务水平，在学有所教、劳有所得、病有所医、老有所养、住有所居上持续取得新进展。

4.《国务院关于促进旅游业改革发展的若干意见》（国发〔2014〕31号）

三、拓展旅游发展空间

（六）积极发展休闲度假旅游。

在城乡规划中要统筹考虑国民休闲度假需求。加强设施建设，完善服务功能，合理优化布局，营造居民休闲度假空间。积极推动体育旅游，加强竞赛表演、健身休闲与旅游活动的融合发展，支持和引导有条件的体育运动场所面向游客开展体育旅游服务。推进整形整容、内外科等优势医疗资源面向国内外提供医疗旅游服务。发挥中医药优势，形成一批中医药健康旅游服务产品。规范服务流程和服务标准，发展特色医疗、疗养康复、美容保健等医疗旅游。有条件的城市要加快建设慢行绿道。建立旅居全挂车营地和露营地建设标准，完善旅居全挂车上路通行的政策措施，推出具有市场吸引力的铁路旅游产品。积极发展森林旅游、海洋旅游。继续支持邮轮游艇、索道缆车、游乐设施等旅游装备制造国产化，积极发展邮轮游艇旅游、低空飞行旅游。

5.《国家发展改革委、民政部、财政部、国土资源部、住房城乡建设部、国家卫生计生委、人民银行税、务总局、体育总局、银监会关于加快推进健康与养老服务工程建设的通知》（发改投资〔2014〕2091号）

二、（一）工程目标

健康与养老服务工程重点加强健康服务体系、养老服务体系和体育健身设施建设，大幅提升医疗服务能力，形成规模适度的养老服务体系和体育健身设施服务体系。

体育健身设施建设。到2015年，人均体育场地面积达到1.5平方米以上，有条件的市、县（区）、街道（乡镇）、社区（行政村）普遍建有体育场地，初步形成布局合理、广覆盖的体育健身设施体系。到2020年，人均体育场地面积达到1.8平方米以上，城市公共体育场、群众户外健身场地和公众健身活动中心普及，每个社区都有便捷的体育健身设施，每个行政村都有适合老年人的农民体育健身设施。

三、（一）主要任务

体育健身设施主要任务包括开展田径、游泳、滑冰、球类等体育运动和培训服务的体育场地和设施，向公众提供健身服务、能够开展多项体育运动的公众健身活动中心，健身步道、健身器械场地、球类场地及社区小型体育设施等户外健身场地，以及提供健身设施场地及培训服务的健身房（馆）建设。

三、（二）有关项目

3. 体育健身设施建设。包括体育场地和设施、公众健身活动中心、户外健身场地、学校体育设施以及健身房（馆）5类项目。

6.《国务院关于加快发展体育产业促进体育消费的若干意见》（国发〔2014〕46号）

一、（二）基本原则。

创造发展条件。营造重视体育、支持体育、参与体育的社会氛围，将全民健身上升为国家战略，把体育产业作为绿色产业、朝阳产业培育扶持，破除行业壁垒、扫清政策障碍，形成有利于体育产业快速发展的政策体系。

三、（二）完善健身消费政策。

各级政府要将全民健身经费纳入财政预算，并保持与国民经济增长相适应。要加大投入，安排投资支持体育设施建设。要安排一定比例体育彩票公益金等财政资金，通过政府购买服务等多种方式，积极支持群众健身消费，鼓励公共体育设施免费或低收费开放，引导经营主体提供公益性群众体育健身服务。鼓励引导企事业单位、学校、个人购买运动伤害类保险。进一步研究鼓励群众健身消费的优惠政策。

7.《中共中央办公厅　国务院办公厅印发〈关于加强中国特色新型智库建设的意见〉的通知》（中办发〔2014〕65号）

（三）中国特色新型智库是国家软实力的重要组成部分。一个大国的发展进程，既是经济等硬实力提高的进程，也是思想文化等软实力提高的进程。智库是国家软实力的重要载体，越来越成为国际竞争力的重要因素，在对外交往中发挥着不可替代的作用。树立社会主义中国的良好形象，推动中华文化和当代中国价值观念走向世界，在国际舞台上发出中国声音，迫切需要发挥中国特色新型智库在公共外交和文化互鉴中的重要作用，不断增强我国的国际影响力和国际话语权。

（六）到2020年，统筹推进党政部门、社科院、党校行政学院、高校、军队、科研院所和企业、社会智库协调发展，形成定位明晰、特色鲜明、规模适度、布局合理的中国特色新型智库体系，重点建设一批具有较大影响力和国际知名度的高端智库，造就一支坚持正确政治方向、德才兼备、富于创新精神的公共政策研究和决策咨询队伍，建立一套治理完善、充满活力、监管有力的智库管理体制和运行机制，充分发挥中国特色新型智库咨政建言、理论创新、舆论引导、社会服务、公共外交等重要功能。

8.《国务院关于进一步加强新时期爱国卫生工作的意见》（国发〔2014〕66号）

四、（二）推进全民健身活动。建设健康步道、健康主题公园等支持性环境，改善城乡居民运动健身条件，提高公共体育设施的开放率和利用率，形成覆盖城乡比较健全的全民健身公共服务体系。加强青少年体育工作，着力提高青少年体质，在政策、措施上加大对青少年体质健康的扶持力度，学生在校期间每天至少参加1小时的体育锻炼活动。加强职工体育，推动机关、企事业单位落实工间操制度，建立职工健身团队，开展符合单位特点的健身和竞赛活动。加强全民健身科学研究，推广体质监测和科学健身方法，指导个人根据体质和健康状况开展适合的健身活动，提高群众科学健身水平。开展形式多样的社区健身活动，建立激励机制，引导和鼓励群众经常、持久地参加健身活动。发挥中医治未病优势，大力推广和规范传统养生健身活动。

9.《中共中央办公厅、国务院办公厅印发〈关于加快构建现代公共文化服务体系的意见〉的通知》（中办发〔2015〕2号）

（六）保障特殊群体基本文化权益。

实施青少年体育活动促进计划。

（八）提升公共文化设施建设、管理和服务水平。

结合基层公共服务设施建设，制定村（社区）综合公共文化服务中心建设标准，充分利用现有城乡公共设施，统筹建设集宣传文化、党员教育、科技普及、普法教育、体育健身等多功能于一体的基层公共文化服务中心，配套建设群众文体活动场地。

（九）培育和促进文化消费。

积极发展与公共文化服务相关联的教育培训、体育健身、演艺会展、旅游休闲等产业，引导和支持各类文化企业开发公共文化产品和服务，满足人民群众多层次的文化消费需求。

（十）鼓励和引导社会力量参与。

鼓励党政机关、国有企事业单位和学校的各类文体设施向社会免费或优惠开放。

（十二）大力推进文化志愿服务。

动员组织专家学者、艺术家、优秀运动员等社会知名人士参加志愿服务，提高社会影响力。要建立“结对子、种文化”工作机制，推动专业艺术院团、体育运动队和艺术体育院校等到基层教、学、帮、带，建立志愿服务下基层制度。

（十五）活跃群众文化生活。

积极开展全民艺术普及、全民健身、全民科普和群众性法治文化活动。以“我们的节日”为主题，组织开展群众性节日民俗活动；传承和发展民族民间传统体育，广泛开展形式多样的群众性体育活动。

（二十五）加强基层文化队伍建设。

发展壮大社会体育指导员队伍。

10.《国务院办公厅关于印发中国足球改革发展总体方案的通知》（国办发〔2015〕11号）

（二）基本原则。

发展足球运动与推动全民健身相结合。实现普及与提高、群众足球与竞技足球互相促进，推动足球运动协调发展、全面进步，推动全民健身，增强人民体质。

11.《国务院办公厅关于加快发展生活性服务业促进消费结构升级的指导意见》（国办发〔2015〕85号）

二、（五）体育服务。大力推动群众体育与竞技体育协同发展，促进体育市场繁荣有序，加速形成门类齐全、结构合理的体育服务体系。重点培育健身休闲、竞赛表演、场馆服务、中介培训等体育服务业，促进康体结合，推动体育旅游、体育传媒、体育会展等相关业态融合发展。以足球、篮球、排球三大球为切入点，加快发展普及性广、关注度高、市场空间大的运动项目。以举办2022年冬奥会为契机，全面提升冰雪运动普及度和产业发展水平。大力普及健身跑、自行车、登山等运动项目，带动大众化体育运动发展。完善健身教练、体育经纪人等职业标准和管理规范，加强行业自律。推动专业赛事发展，丰富业余赛事，探索完善赛事市场开发和运作模式，实施品牌战略，打造一批国际性、区域性品牌赛事。有条件的地方可利用自然人文特色资源，举办汽车拉力赛、越野赛等体育竞赛活动。推动体育产业联系点工作，培育一批符合市场规律、具有竞争力的体育产业基地。鼓励体育优势企业、优势品牌和优势项目“走出去”。

12.《国务院办公厅关于强化学校体育、促进学生身心健康全面发展的意见》（国办发〔2016〕27号）

（六）强化课外锻炼。健全学生体育锻炼制度，学校要将学生在校内开展的课外体育活动纳入教学计划，列入作息时间安排，与体育课教学内容相衔接，切实保证学生每天一小时校园体育活动落到实处。幼儿园要遵循幼儿年龄特点和身心发展规律，开展丰富多彩的体育活动。中小学校要组织学生开展大课间体育活动，寄宿制学校要坚持每天出早操。高等学校要通过多种形式组织学生积极参加课外体育锻炼。职业学校在学生顶岗实习期间，要注意安排学生的体育锻炼时间。鼓励学生积极参加校外全民健身运动，中小学校要合理安排家庭“体育作业”，家长要支持学生参加社会体育活动，社区要为学生体育活动创造便利条件，逐步形成家庭、学校、社区联动，共同指导学生体育锻炼的机制。组织开展全国学校体育工作示范校创建活动，各地定期开展阳光体育系列活动和“走下网络、走出宿舍、走向操场”主题群众性课外体育锻炼活动，坚持每年开展学生冬季长跑等群体性活动，形成覆盖校内外的学生课外体育锻炼体系。

13.《国务院关于印发“十三五”加快残疾人小康进程规划纲要的通知》（国发〔2016〕47号）

（三）6. 丰富残疾人文化体育生活。将残疾人作为公共文化体育服务的重点人群之一，公共文化惠民工程、全民健身工程、全民阅读工程、公共文化体育服务机构和基层综合性文化服务中心要提供适合残疾人的服务内容和活动项目。有条件的市（地）、县（市、区）公共图书馆设立盲人阅览室，配置盲文图书、有声读物、大字读物及阅读辅助设备。开展残疾人文化周、残疾人阅读推广等群众性文化活动。扶持盲文读物、有声读物、残疾人题材图书和音像制品出版。继续建设中国残疾人数字图书馆和移动数字图书馆，通过建设中国盲人数字图书馆构建盲文数字出版和数字有声读物资源平台。开展残疾人特殊艺术项目发掘保护，加强特殊艺术人才培养，扶持特殊艺术团体建设和创作演出。支持创作、出版残疾人文学艺术精品力作，培育残疾人文化艺术品牌。

实施“残疾人体育健身计划”，推动残疾人康复体育和健身体育广泛开展。创编、推广残疾人康复体育和健身体育项目，研发适合不同类别和等级残疾人使用的小型体育器材，推动残疾人体育进社区、进家庭。加强特教学校体育教学和课外体育锻炼。促进残奥、特奥、聋奥运动均衡发展。办好全国第十届残运会暨第七届特奥会。加强残疾人运动员队伍培养、管理、教育和保障，提高残疾人体育竞技水平，力争在巴西里约热内卢、日本东京残奥会等重大国际赛事中再创佳绩。实施“冬季残奥项目振兴计划”，推动残疾人冰雪运动发展，提高残疾人冬季残奥运动项目的参与率和竞技水平。积极备战北京2022年冬季残奥会。